AF292545

CONRAD MARCA-RELLI

Il Maestro Irascibile

SKIRA

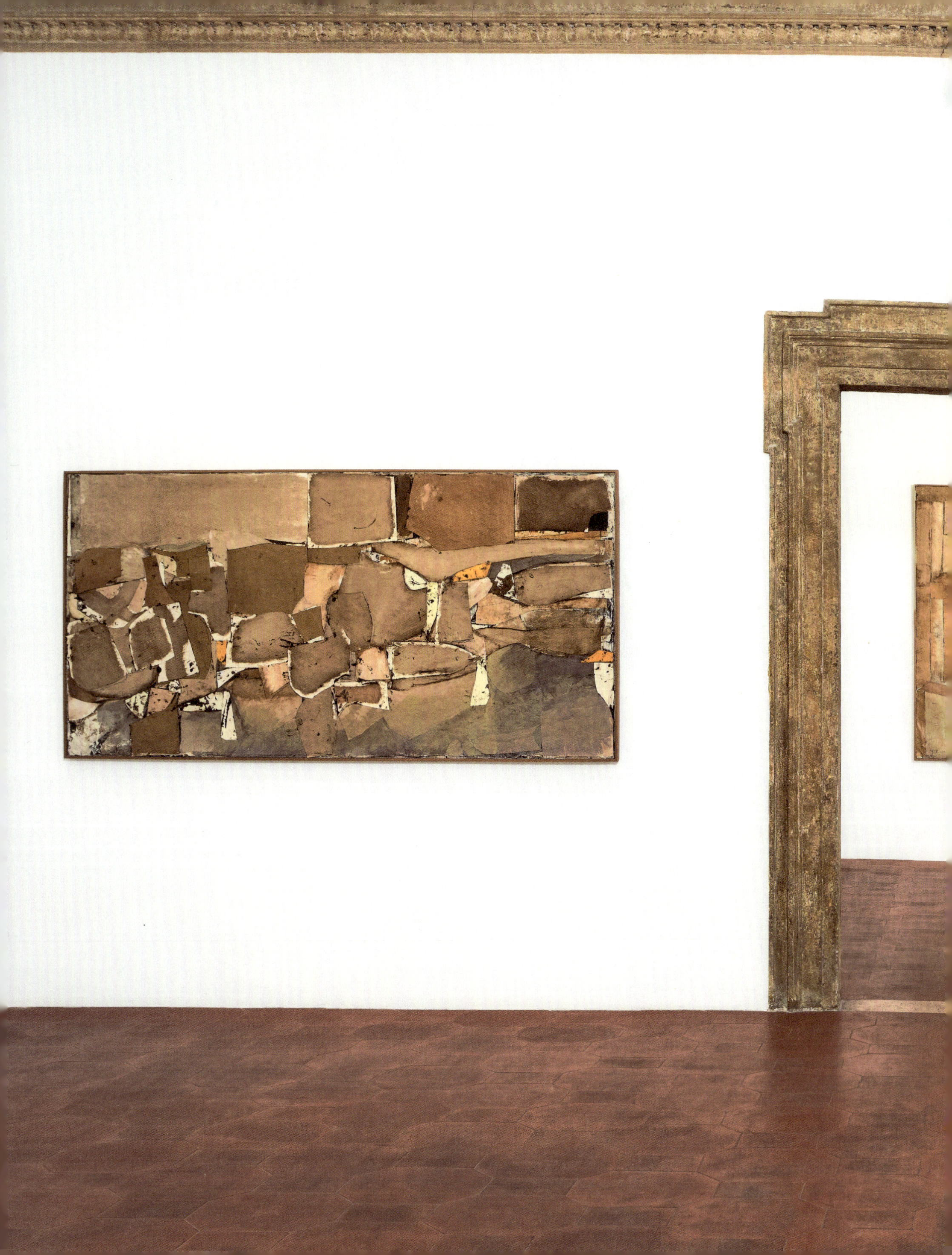

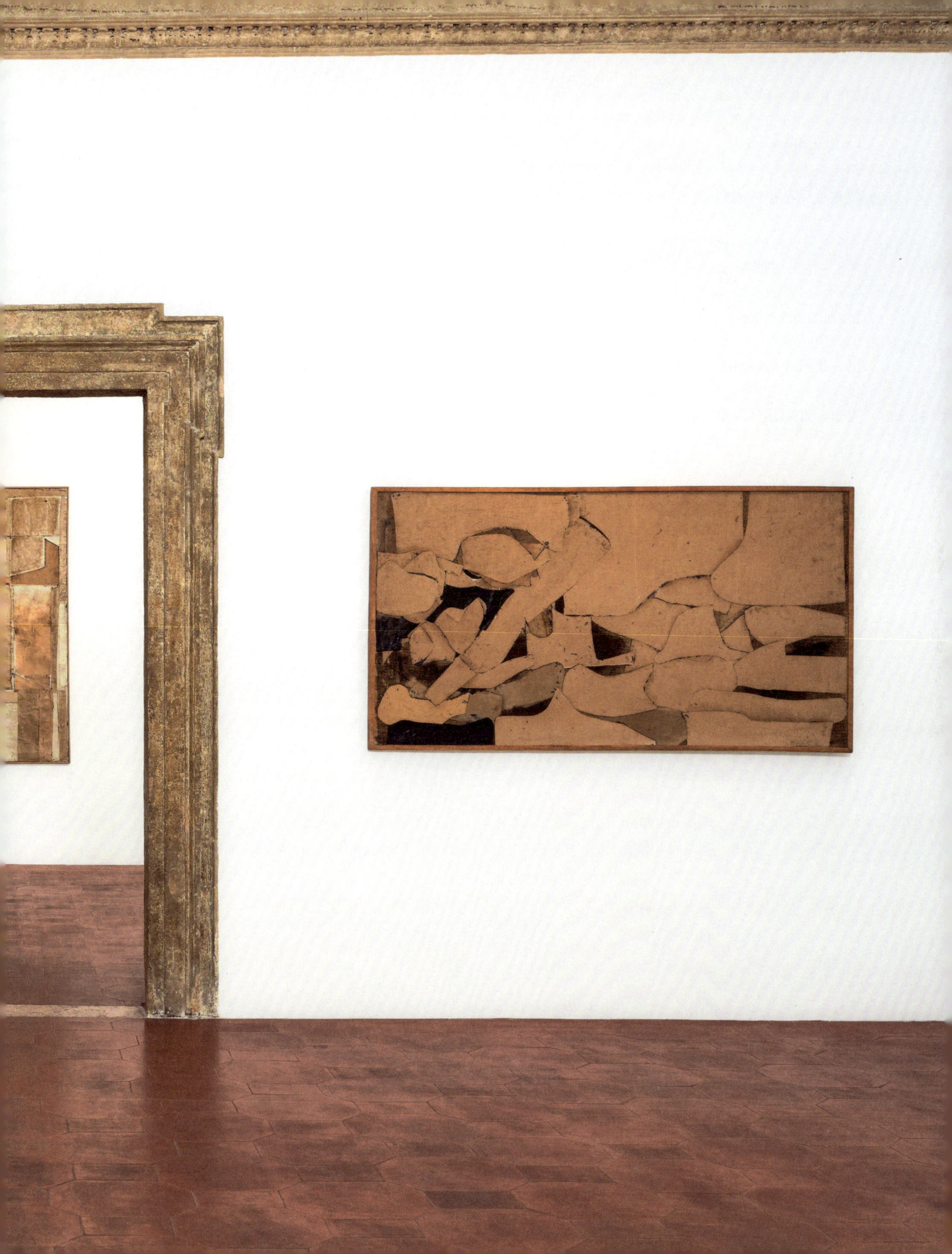

Una mostra curata da

Exhibition curated by

Mattia De Luca

In collaborazione con

In collaboration with

Archivio Marca-Relli

DL

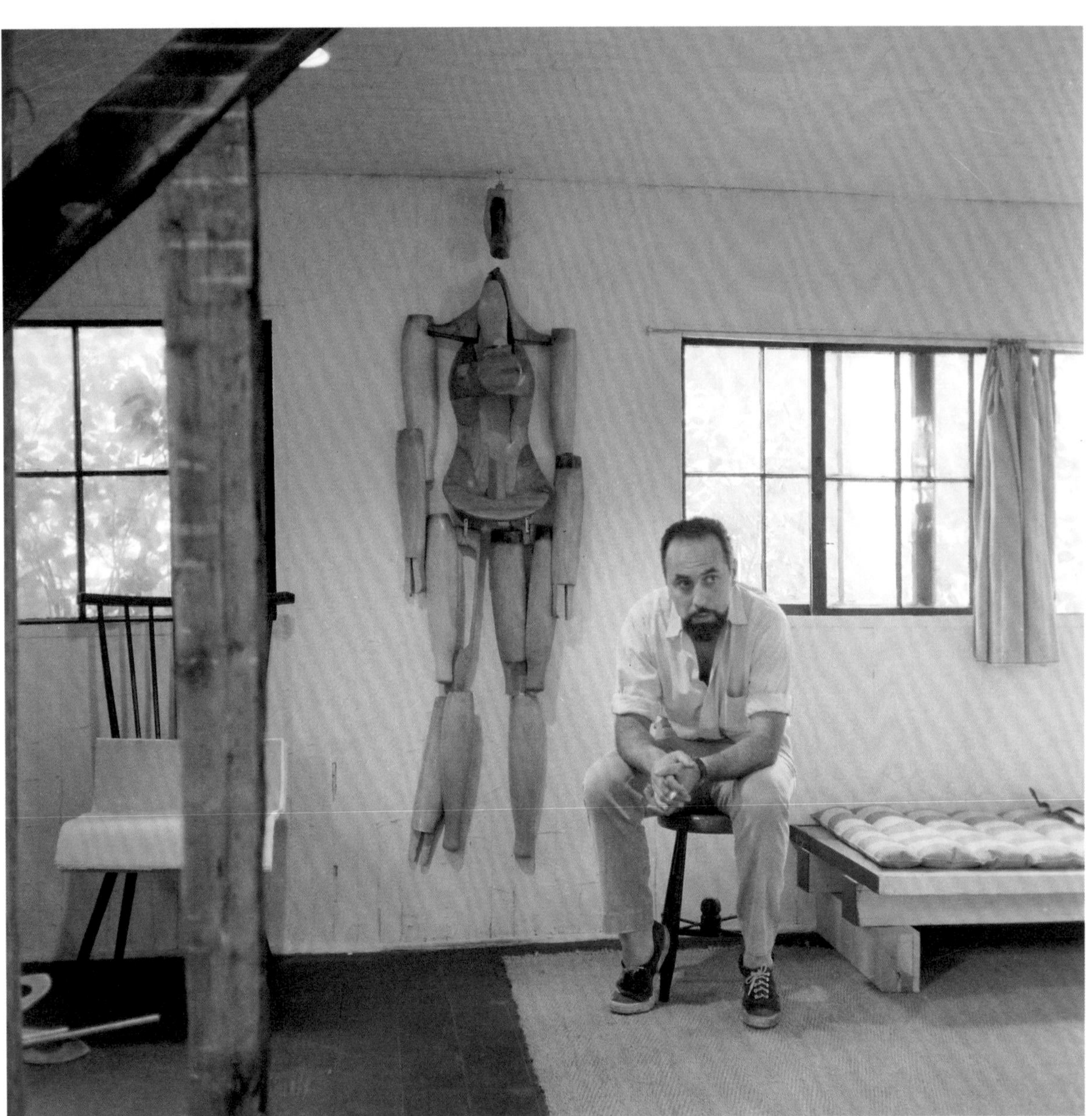

CONRAD MARCA-RELLI

Il Maestro Irascibile

MATTIA ⅃ DE LUCA

La mostra "Conrad Marca-Relli | Il Maestro Irascibile" è dedicata all'artista italoamericano, figura cardine dell'espressionismo astratto. L'arte di Marca-Relli, come il suo autore, è a cavallo tra due mondi, gli Stati Uniti e l'Europa. Amante di Roma, spirito indomito e instancabile viaggiatore: questa mostra è una tappa ulteriore di una continua e mai sopita esplorazione.

Questo progetto è stato reso possibile dal fondamentale contributo dell'Archivio Marca-Relli e dalla fiducia dimostrata nei nostri confronti. Sono molto orgoglioso di aver iniziato questo percorso e sono certo che questa mostra rappresenta solo il primo passo di una solida collaborazione. I miei più sentiti ringraziamenti vanno a Marco Niccoli, Roberto Niccoli e Manuela Pastori Niccoli.

Grazie a Camilla Nesbitt e Pietro Valsecchi, a Sergio Dal Pio, alla Galleria dello Scudo e a tutti i collezionisti che desiderano rimanere anonimi per aver generosamente condiviso con il pubblico le loro opere.

Ringrazio Allan Schwartzman, Claire Robertiello e il team di Schwartzman& per la loro preziosa collaborazione e professionalità. Sono molto contento di aver iniziato questo progetto insieme.

Un grazie particolare a Francesca Mauti che ha assistito alla nascita di questo progetto e con la sua sensibilità ha contribuito alla sua concretizzazione.

Si ringraziano David Anfam e Massimo Belli per i preziosi testi che hanno arricchito questa pubblicazione e che restituiscono al pubblico un ritratto di Conrad Marca-Relli accurato e coinvolgente.

Un affettuoso ringraziamento al team della Galleria Mattia De Luca, che ha lavorato con costante dedizione e impegno: Gabriella Benassi, Monica De Sario, Emilie Ryan e Marco Zindato. Grazie a Cecilia Dealessi della Galleria Niccoli per il supporto alla mostra e a Luisa Mensi per la preziosa assistenza e disponibilità.

Un pensiero va ai nostri amici di New York che ci seguono con grande affetto e che hanno creduto in questo progetto sin dal primo giorno con grande entusiasmo.

Mattia De Luca

The exhibition *Conrad Marca-Relli | Il Maestro Irascibile* (The Irascible Master) is dedicated to the Italian-American artist Conrad Marca-Relli, a pivotal figure in Abstract Expressionism. The art of Marca-Relli, like its author, straddles two worlds: the United States and Europe. Marca-Relli was a lover of Rome and a tireless traveler with an indomitable spirit. This exhibition marks another stage in unfolding his continuous, ceaseless exploration.

The exhibition was made possible thanks to the invaluable contribution and trust of the Archivio Marca-Relli. I am very proud we started this journey and I am certain that this project is just the beginning of a solid collaboration. I would like to express my sincere gratitude to Marco Niccoli, Roberto Niccoli, and Manuela Pastori Niccoli.

Special thanks go to Camilla Nesbitt, Pietro Valsecchi, Sergio Dal Pio, Galleria dello Scudo, and to all the collectors who wish to remain anonymous, yet who generously agreed to share their artworks with the public.

I am grateful to Allan Schwartzman, Claire Robertiello, and the team at Schwartzman& for their valuable collaboration and professionalism. I am very pleased we launched this project together.

A special mention goes to Francesca Mauti, who contributed to the birth of this project and whose sensitivity helped bring it into reality.

My thanks to David Anfam and Massimo Belli, for their valued texts that have so enriched this catalogue and give the public an accurate, engaging portrait of Conrad Marca-Relli.

Warmest thanks also go to the team at the Galleria Mattia De Luca, who worked tirelessly and with commitment: Gabriella Benassi, Monica De Sario, Emilie Ryan, and Marco Zindato. Thanks to Cecilia Dealessi at Galleria Niccoli for supporting the exhibition, and to Luisa Mensi for her unwavering assistance and dedication.

A special mention to our friends in New York, who warmly support us and have believed in this project from day one with great enthusiasm and affection.

Mattia De Luca

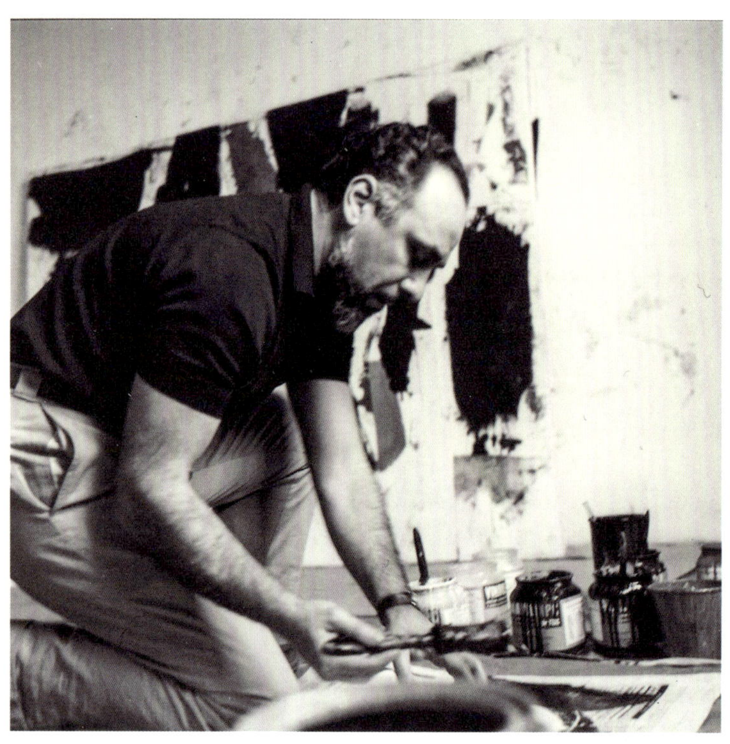

Conrad Marca-Relli nel suo studio, Roma, 1957

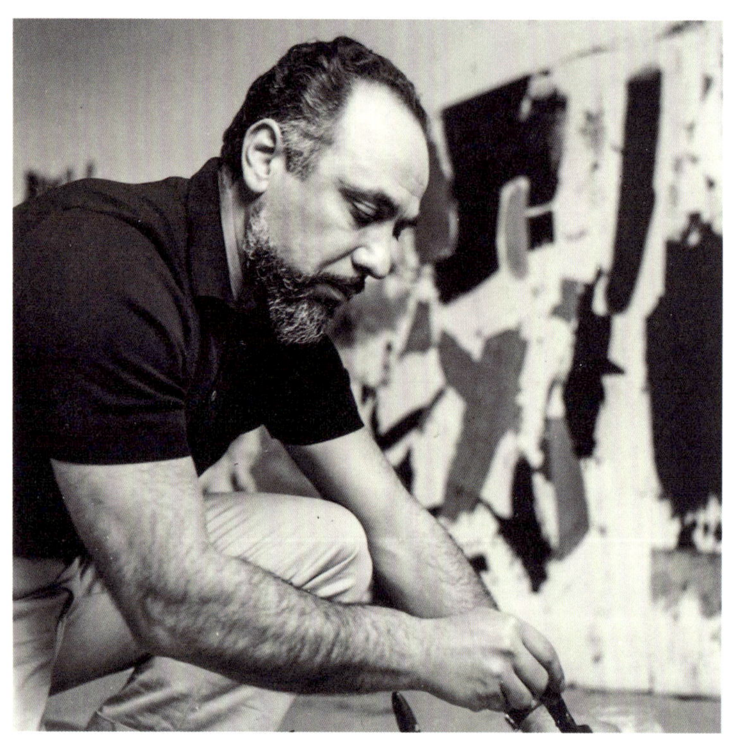

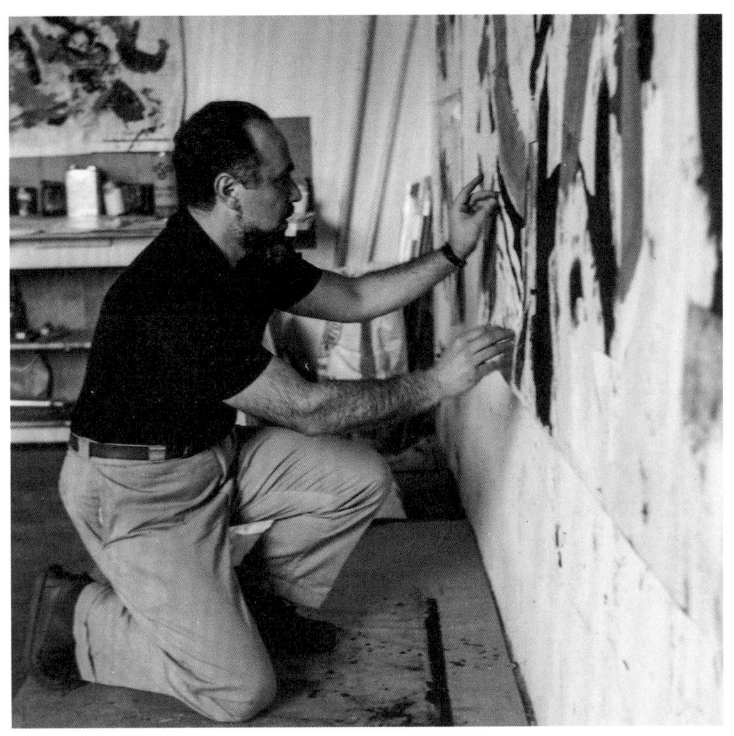

Conrad Marca-Relli in his studio, Rome, 1957

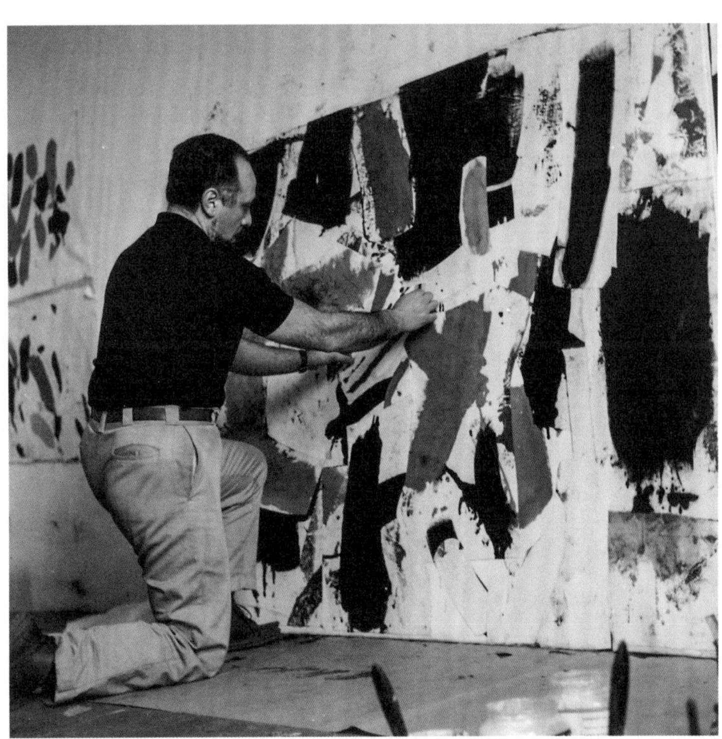

CONRAD MARCA-RELLI – *BEN MARCATO*

David Anfam

Writing amid a global pandemic when chaos and strife increasingly seem to beset every level of human experience—social, political, ecological—Conrad Marca-Relli's achievement looks, at least to my eye, more timely than ever. Make no mistake, fracture, violence, alienation, and tumult permeate Marca-Relli's art. As such, it still has much to offer our turbulent zeitgeist twenty-one years after the artist's death at the millennium. Eight years later, I titled my first essay on Marca-Relli "A Sum of Destructions."[1] I think the concetto still holds good both for his vision and, alas, our contemporary world.

Consider Marca-Relli's most commanding piece in a public collection. *The Battle* (1956) is exemplary for having long hung in the modern galleries at New York's Metropolitan Museum of Art next to Jackson Pollock's *Autumn Rhythm* (*Number* 30) (1950). No commentator fails to mention that it reverberates with memories of Paolo Uccello's three versions of *The Battle of San Romano* (c. 1435–55), even down to the quartet's almost identical dimensions. This homage to the Italian Renaissance signals a less often remarked parallelism with Philip Guston's love for that earlier age. A strange love, too, insofar as it was twofold. On the one hand, Guston and Marca-Relli alike admired the Renaissance's ideals of beauty and elegance. On the other, they tapped its iconography to express timeless violence rooted in the perennial human condition (as in the former's early scenes that depicted battling children). In short, a tough love.

As for private collections, *St. Cyprian's Day* (1957–58) ranks among Marca-Relli's most impressive statements in any medium. Even if the art historian H. H. Arnason had not linked this teeming panorama to the Battle of Agincourt in William Shakespeare's *Henry V*,[2] the cut and slash to its myriad angular facets would immediately evoke some epic conflict. Need one add that St. Cyprian was beheaded with a sword? Hardly (mindful, also, that laceration is at the heart of collage). Again, though, despite the sound and the fury, a latent stateliness quivers like stability in the eye of the storm. That same year, Marca-Relli created *The Woman of Samura*. Nineteenth-century Japanese woodblock prints portray this legendary ancient warrior as simultaneously ferocious and heraldic. The same applies to Marca-Relli's painting-collage. Here and in *St. Cyprian's Day* blood-red accents galvanize the hurly-burly, as they do in the Japanese prints. Ultimately, the issue at stake is not sources, be they Shakespeare or fourteenth-century samurai literature.[3] Rather, the essence to Marca-Relli's warfare, as it were, is oxymoronic. Creative destruction. The title of another work from a few years earlier, *The Struggle* (1955), with its writhing humanoid horizontal traces, says it all. So might a small detail, alongside the artist's own testimony.

To wit, Jackson Pollock died the following year, when Marca-Relli executed *The Battle*. Not only were Pollock and Marca-Relli close friends, but also the latter had to identify the former's body after his fatal crash that summer. *L-8-56 Death of Jackson Pollock* commemorates this fallen hero in its careering horizontality. In an instant, the acme of artistic creativity (the Jackson who, famously, in Willem de Kooning's words, "broke the ice" for Abstract Expressionism) and the deadly moment marry. No pain, no gain.

In this light, a factor or two in Uccello's rout might have rendered the images even more foundational for Marca-Relli. Simply put, *The Battle* in its three versions displays a multitude of fallen lances, at least one prostrate dead warrior and other fragments scattered along its basal widths. Secondly, Uccello's fledgling perspectival system—established by the various foreground orthogonals and perpendiculars pointing into depth—confronts a background landscape that rises like a picture plane in its almost theatrical flatness.[4] Recession versus planarity equates to duration versus instantaneity. *Mutatis mutandis*, this ostinato beat orchestrating presence and absence, surface and space, epitomizes Marca-Relli's pictorial syntax.

As architecture involves a play between frontality and perspective, so do Marca-Relli's highly structured collages. This was why I titled the 2012 exhibition, co-curated with the late Kenneth Baker, at Ronchini Gallery in London, *The Architecture of Action*. Collage, significantly blending constructive and destructive strategies (its component parts agglomerate, yet they are torn, slashed, and reconfigured in the process), provided the otherwise surprising means—hitherto it played a distant second fiddle to painting—whereby Marca-Relli could keep his fragments in flux and motion. To quote him: "Going beyond the figures of traditional painting through collage has enabled me to reach a 'painting' which is always fresh, a composition which year after year is always active. Collage allows me to achieve purity of action, I can continuously experiment 'in the painting,' a thousand times over. I can create a figure and change it immediately; I can contemplate the result and if I don't like it get rid of it, change parts of it, build in a different space because to paint is to meditate and act simultaneously."[5] Contemplative action allied to the *non finito*. These are the poles between which the works' dynamism and deliberation oscillate.

A corollary is that action must unfold in time. Overall, Marca-Relli pictured temporality paced to two extreme tempi. His early *pittura metafisica* cityscapes are frozen in time and thus, in a sense, timeless. Pallid walls blank except for dark apertures concretize this chill melancholia and stasis, as if they were expanses suspended by an existential fermata—silence made matter. These blockish vistas are Marca-Relli's transmontane, postwar Italian equivalents to Egon Schiele's Bohemian *Dead City III* (1911). War's shadow, past or imminent, haunts them (The Great War had a strong impact on Schiele; Marca-Relli saw active service in World War II).[6] Rarely does the human presence intrude. Their descendants prove to be the veritable mannequins, upright or prone, that recur throughout the 1950s and continue into the next decade. Always faceless, they embody the modern *Massenmensch*, begun with Giorgio de Chirico's ominous puppetry people and progressing to those invented by George Grosz, Oskar Schlemmer, and others, often with mixed feelings about modernity's brave new world. Anonymous alienation personified. Aptly enough, their tonalities probe whiter shades of pale, hinting at the void.[7] In due course, these personages turn frankly mechanistic, hybridized with the previous architectural blocks to become robotic sentinels, such as an untitled aluminum sculpture-cum-sentinel from around 1967. It may not be far-fetched to regard them as an uncanny compendium, one that blends warrior/women/walls[8]—almost literal boilerplate and anatomies transformed into rigid exoskeletons. (Throughout Marca-Relli's oeuvre tacks, rivets, sutures, and so forth hint at whatever lies beneath the surfaces.) Before then, though, quickness could reign.

Compared to the rigid cityscapes and stiff quasi-abstract figurines, the shards comprising such kaleidoscopic dramas as *N-7-55* and *M-11-56* feel like they are moving fast in a slipping and sliding melee. But they are not without grace either. Indeed, the ubiquitous curved edges could read as Marca-Relli's reinvention, knowingly or otherwise, of a Renaissance model, the *figura serpentinata*. If so, what became matchless, cool poise in the hands of a Donatello or Parmigianino nevertheless began in excruciating pain. How?

The prototype for the *figura serpentinata* was the antique *Laocoön* group. Twisting in agony as serpents coil around them, Laocoön and his sons manage to do so with remarkable, if anguished, choreography. We might think the same about Marca-Relli's collaged contortions. Despite or perhaps because of his propensity for purple prose, the critic Parker Tyler captured these mingled moods: "In these 'battle sectors' of Marca-Relli's oeuvre, nothing is more moving—in the double sense of being energetic and beautiful—than the subtilization of that grave, victorious curve which had emerged more radically, in the one- and two-figure works, from the rounding propaganda of the blade against the stolid rectangular weave of canvas."[9] In other words and to summarize the general effect that the most vibrant 1950s pieces exude, think Parmigianino's *The Madonna with the Long Neck* (c. 1535–40) morphed into a *corps morcelé*.[10] Whatever, collage yielded Marca-Relli's paramount *maniera*.

Enough of the past. What of Marca-Relli in the present? As mentioned, Marca-Relli should be timely. Yet, truth to tell, he remains a more untimely figure in Friedrich Nietzsche's incisive sense of the word. That is, someone who goes against the grain and sidesteps passing trends. He always did. An Italian in America and an American in Italy. A champion of collage with its European ancestry just when American painting ostensibly triumphed on the world stage. An irascible master—judging by his stern, leonine visage in most photographs[11]—who avoided, out of shyness and introversion, the 1950 photo session/protest letter that publicized the so-called eighteen "Irascible" Abstract Expressionists who ostentatiously pitted themselves for (understandable) self-advancement against the conservative Metropolitan Museum of Art. Untimely, too, as a dead, white heterosexual male at odds with the current culture's identity politics that seeks to restore parity to erstwhile marginalized, ostracized, and downtrodden others, ranging from women and people of color through the whole LGBTQ+ rainbow spectrum.[12] Let this exhibition in Rome and the voice of a much younger scholar, Massimo Belli, speak for themselves. No matter the verdict, Marca-Relli's measured though combative marks—calculated to fuse negative and positive spaces laden with their interstices—will endure, their punchy rhythms resounding *ben marcato* for posterity.

Notes

1   D. Anfam, "Conrad Marca-Relli: 'A Sum of Destructions,'" in B. Alfieri, ed., *Conrad Marca-Relli* (Milan: Bruno Alfieri Editore, 2008), 11–35.

2   H. H. Arnason, *Marca-Relli* (New York: H. N. Abrams, 1963), 11.

3   That said, it may not be irrelevant to recall that Akira Kurosawa's *Seven Samurai* (1954)—widely considered among the twentieth century's greatest films and hugely influential—had its North American release in 1956.

4   Absent in the Louvre's version simply because night is falling on the scene (the battle lasted eight hours).

5   L. M. Barbero, ed., *Conrad Marca-Relli* (Milan: Electa, 1998), 19.

6   Stephen Polcari, *Abstract Expressionism and the Modern Experience* (Cambridge–New York: Cambridge University Press, 1991) is an exhaustive account of war's impact on the Abstract Expressionist phenomenon. But the book's 408 pages contain not a single mention of Marca-Relli. Presumably and tellingly, Marca-Relli was not deemed sufficiently canonical to, as they say, make the cut (double entendre intentional).

7   Marca-Relli's exploration of rich colorism lay ahead, especially in the 1980s and such pieces as *Artesian Blue* (1982) and *Burnt Yellow* (1984). *"The Terminal" EH-L-9-67* (1967) anticipates them.

8   A 1956 collage-painting bears the title *Warrior*.

9   P. Tyler, *Marca-Relli* (Paris: Editions Georges Fall, 1960), 24.

10   Once settled in Parma towards the end of his life, perhaps even far earlier, Marca-Relli doubtless admired Correggio's frescoes in the Duomo and San Giovanni Evangelista where sensuous angelic bodies fuse into heavenly concatenations.

11   Serendipitously and oddly akin to the bearded, fierce Toshiro Mifune in *Seven Samurai*.

12   As an ethnically and ideologically diverse person myself, I welcome these ongoing culture wars. Beware, though, of "diversity" as a fashion or façade. For a trenchant account of the last ruse, see N. Leong, *Identity Capitalists: The Powerful Insiders Who Exploit Diversity to Maintain Inequality* (Stanford: Stanford University Press, 2021).

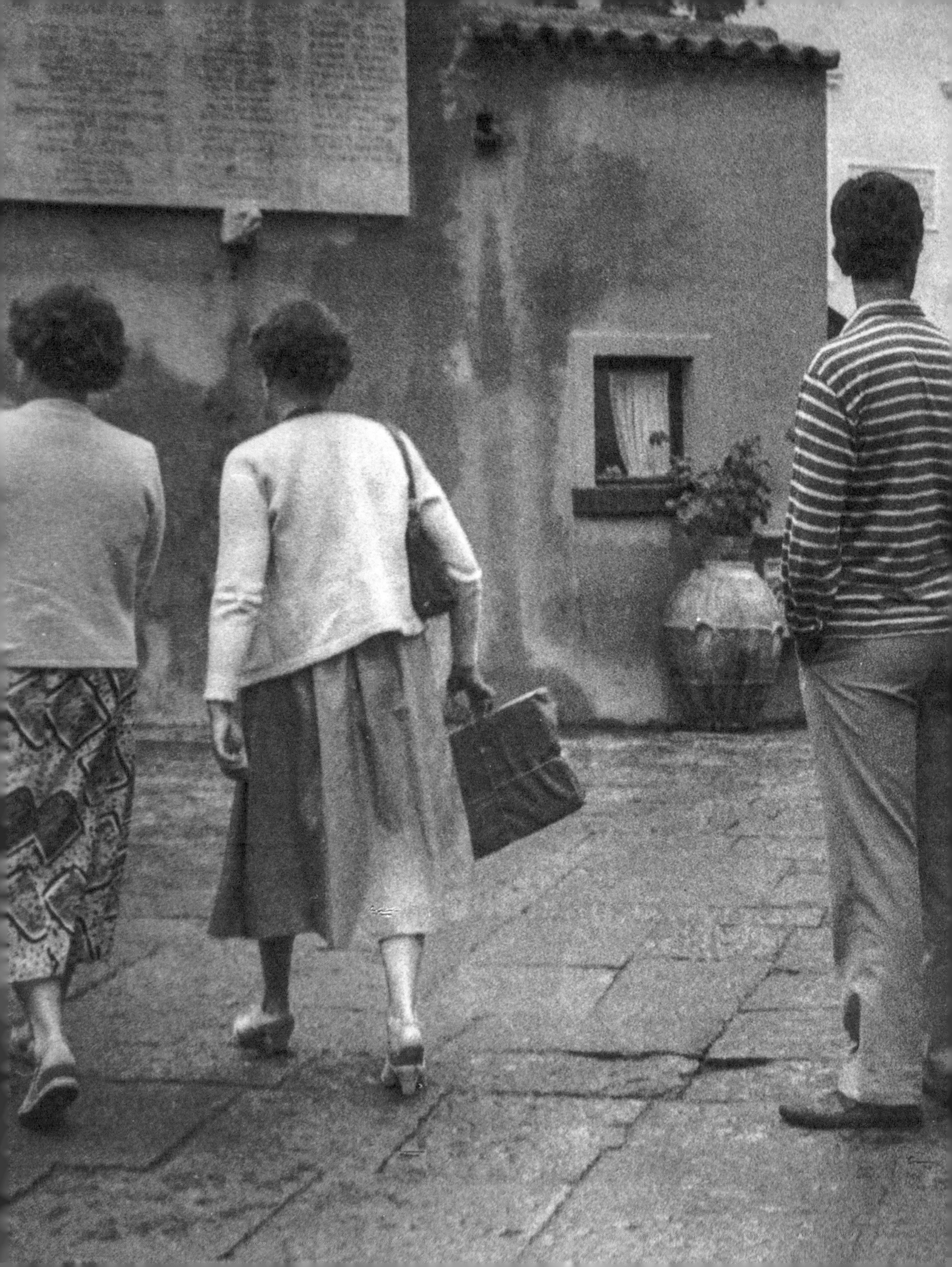

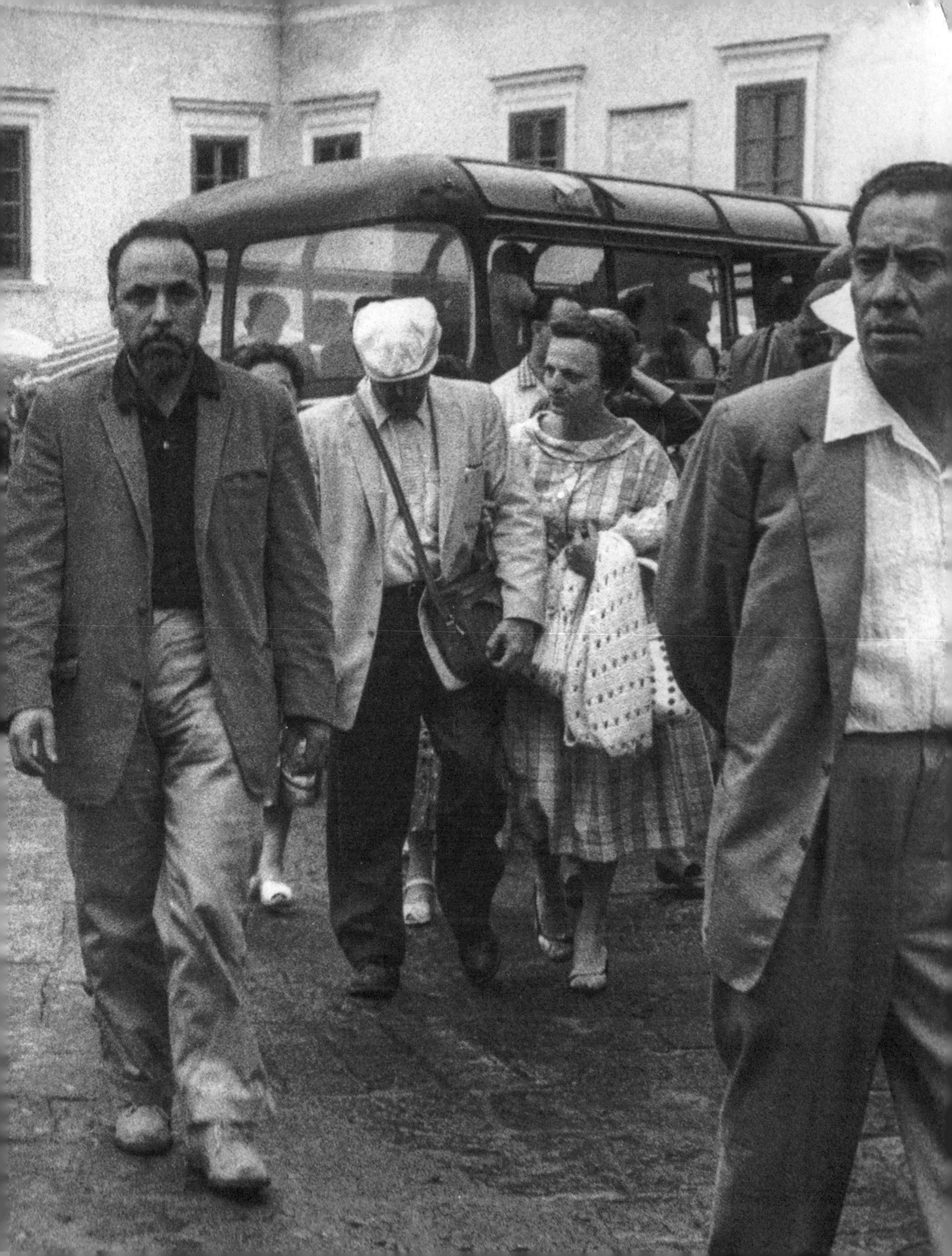

CONRAD MARCA-RELLI – *BEN MARCATO*

David Anfam

In quest'epoca di pandemia globale, mentre il caos e i conflitti dilagano investendo in maniera crescente ogni ambito dell'esperienza umana – sociale, politico, ecologico – l'opera di Conrad Marca-Relli è, almeno ai miei occhi, più attuale che mai. Non fraintendetemi: fratture, violenza, alienazione e tumulto permeano l'arte di Marca-Relli che, a ventuno anni dalla sua morte, ha ancora molto da offrire al nostro Zeitgeist turbolento. Otto anni dopo la scomparsa dell'artista ho scritto il mio primo saggio su di lui, intitolato *A Sum of Destructions*[1], e penso che quest'idea di decostruzione non abbia perso la sua validità, né nei riguardi della sua visione né, purtroppo, in quelli del mondo contemporaneo.

Prendiamo ad esempio l'opera più imponente di Marca-Relli in una collezione pubblica, *The Battle* (1956), a lungo installata nell'ala dedicata all'arte moderna del Metropolitan Museum of Art di New York accanto a *Autumn Rhythm* (*Number 30*) di Jackson Pollock (1950). Nessun recensore dell'opera ha mancato di sottolineare la sua assonanza con il trittico della *Battaglia di San Romano* (1435-1455 circa) di Paolo Uccello, persino nelle dimensioni quasi identiche di tutti e quattro i dipinti. Questo omaggio al Rinascimento italiano rivela un parallelismo – più raramente messo in luce – con l'amore di Philip Guston per quell'epoca della storia dell'arte: uno strano tipo di amore, in verità, nella misura in cui era caratterizzato da un duplice aspetto. Da un lato, Guston e Marca-Relli ammiravano gli ideali di bellezza ed eleganza tipici del Rinascimento, dall'altro attingevano alla sua iconografia per esprimere una violenza senza tempo radicata nella condizione umana (come nelle lotte di bambini di Guston). In breve, un amore pieno di durezza.

Per quanto riguarda le collezioni private, *St. Cyprian's Day* (1957-1958) è tra le espressioni più potenti di tutta l'opera di Marca-Relli, a prescindere dalla tecnica utilizzata. Anche se lo storico dell'arte H.H. Arnason non ne avesse collegato il panorama brulicante alla battaglia di Azincourt descritta nell'*Enrico V* da Shakespeare[2], già il taglio della miriade di sfaccettature angolari che lo compongono evocherebbe immediatamente qualche epico scontro. C'è bisogno di aggiungere che san Cipriano fu decapitato con una spada? Direi di no (considerando anche che la lacerazione è il fulcro del collage). Malgrado lo strepito e il furore, la tela vibra di una maestosità latente che somiglia all'immobilità nell'occhio del ciclone. Lo stesso anno, Marca-Relli crea *The Woman of Samura*. Le xilografie giapponesi dell'Ottocento ritraggono questa antica e leggendaria guerriera come un personaggio al tempo stesso nobile e feroce. Lo stesso vale per il suo dipinto-collage. Come nel *St. Cyprian's Day* e in modo simile alle stampe giapponesi, anche qui gli accenti rosso sangue scatenano il trambusto. In definitiva, la questione importante non è quella delle fonti: che si sia ispirato a Shakespeare o alla letteratura samurai del XIV secolo[3], per Marca-Relli l'essenza della guerra è un ossimoro: distruzione creativa. Il titolo di un'altra opera di qualche anno prima, *The Struggle* (1955), con le sue contorte tracce umanoidi orizzontali, dice tutto. Così come un piccolo dettaglio, oltre alla testimonianza dell'artista stesso.

Jackson Pollock morì l'anno successivo, quando Marca-Relli eseguì *The Battle*. I due non solo erano amici intimi, ma quell'estate Marca-Relli dovette identificare il corpo di Pollock dopo l'incidente d'auto che lo uccise. Con la sua orizzontalità sbandata, *L-8-56 Death of Jackson Pollock* è la commemorazione di un eroe caduto. In un solo istante, l'apice della creatività artistica (il Jackson del quale, com'è noto, Willem de Kooning disse che aveva "rotto il ghiaccio" per gli espressionisti astratti) si sposa con il momento fatale. *No pain, no gain.*

In quest'ottica, l'opera di Uccello presenta alcuni elementi che possono averla resa ancora più fondamentale per Marca-Relli. Nelle tre tavole della *Battaglia di San Romano* compaiono una moltitudine di lance cadute, almeno un guerriero che giace a terra morto, e una serie di frammenti sparsi alla base di ogni scena. In secondo luogo, l'uso di una prospettiva ancora in fase iniziale, data dalle linee ortogonali e perpendicolari dirette verso la profondità, contrappone il primo piano al paesaggio che emerge dallo sfondo come piano pittorico di una piattezza quasi teatrale[4]. Recessione contro planarità equivale a durata contro istantaneità: *mutatis mutandis*, questo ritmo ostinato che orchestra presenza e assenza, superficie e spazio, incarna la sintassi pittorica dell'artista.

In modo analogo all'architettura, anche i collage altamente strutturati di Marca-Relli implicano un gioco tra frontalità e prospettiva. Questa è la ragione per cui ho intitolato "The Architecture of Action" la mostra del 2012, co-curata con lo scomparso Kenneth Baker, alla Ronchini Gallery di Londra. Mescolando in modo significativo strategie costruttive e distruttive (nel senso di un agglomero di componenti che tuttavia sono strappate, tagliate e riconfigurate), il collage è stato il medium – peraltro sorprendente, visto che fin qui aveva giocato un ruolo del tutto secondario rispetto alla pittura – con cui Marca-Relli ha potuto tenere i suoi frammenti in una dimensione di flusso e movimento. Per citare le sue stesse parole: "Superare la figura del pittore tradizionale tramite il collage mi ha permesso di raggiungere una pittura sempre fresca, una composizione anche dopo anni sempre attiva visivamente. Il collage mi consente una purezza d'azione, posso sperimentare nel quadro continuamente, mille e mille volte. Posso costruire una figura e cambiarla immediatamente, posso vederne il risultato e se non mi piace la tolgo, ne cambio le parti, costruisco altrove perché dipingere è meditazione e azione insieme"[5]. Un'azione contemplativa che si allea al non finito: questi i poli tra i quali oscillano il carattere dinamico e quello ponderato, statico delle opere.

Uno dei corollari è che l'azione deve svolgersi nel tempo. Nel complesso, Marca-Relli ha immaginato una temporalità scandita da due ritmi estremi. I suoi primi paesaggi urbani di pittura metafisica sono congelati nel tempo e quindi, in un certo senso, atemporali. Pallide pareti vuote, tranne che per le aperture scure, concretizzano questa gelida malinconia della stasi, come fossero distese sospese da una pausa esistenziale: silenzio fatto materia. Eseguiti nel dopoguerra, questi panorami bloccati sono gli equivalenti italiani della boema *Città morta III* (1911) di Egon Schiele. L'ombra della guerra, passata o imminente, incombe su di loro (la Grande Guerra ebbe un forte impatto su Schiele; Marca-Relli combatté nella Seconda guerra mondiale)[6], e l'umanità è quasi sempre assente. I loro discendenti sono i manichini, eretti o proni, che ricorrono per tutti gli anni cinquanta e nel decennio successivo. Privi di volto, essi incarnano il moderno *Massenmensch*, inaugurato dai minacciosi burattini di Giorgio de Chirico e proseguito con quelli inventati da George Grosz, Oskar Schlemmer e altri, spesso con sentimenti contrastanti riguardo al "mondo nuovo" della modernità. Personificazioni di un'alienazione anonima, tutte queste figure sono caratterizzate da un biancore spettrale che allude al vuoto[7]. A tempo debito, si trasformeranno in personaggi meccanici, ibridati con i precedenti blocchi architettonici fino a diventare sentinelle robotiche, come la scultura-sentinella in alluminio senza titolo del 1967 circa. Potrebbe non essere azzardato considerare queste figure come un compendio inquietante che unisce donne, guerrieri e muri[8], simili a corazze e anatomie trasformate in rigidi esoscheletri. (In tutta l'opera di Marca-Relli chiodi, rivetti, suture e così via alludono a ciò che si trova sotto le superfici.) Prima di allora, però, poteva regnare la rapidità.

Rispetto ai rigidi paesaggi urbani e alle figurine legnose e quasi astratte, i frammenti che compongono drammi caleidoscopici come *N-7-55 e M-11-56* sembrano muoversi velocemente in un corpo a corpo scivoloso. Eppure non sono privi di grazia. Infatti, gli onnipresenti bordi curvi possono essere letti come la reinvenzione – consapevole o meno – di un modello rinascimentale: la figura serpentinata. Ammettendo che questo sia vero, occorre notare come ciò che nelle mani di Donatello o di Parmigianino si è trasformato in un'incomparabile, algida eleganza è iniziato da un dolore straziante. Come?

Il modello per la figura serpentinata era l'antico gruppo del Laocoonte. Torcendo i loro corpi nel tentativo disperato di sottrarsi alla stretta dei serpenti, Laocoonte e i suoi figli si muovono in una straordinaria, anche se angosciosa, coreografia. Potremmo dire lo stesso delle contorsioni nei collage di Marca-Relli. Nonostante, o forse proprio a causa della sua propensione per la prosa barocca, il critico Parker Tyler ha catturato questo insieme di stati d'animo: "In queste 'sezioni di guerra' dell'opera di Marca-Relli, niente è più commovente – nel doppio senso di energico e bello – della sottilizzazione di quella curva grave e vittoriosa emersa più radicalmente, nelle opere con una o due figure, dalla ricurva propaganda della lama contro la stolida trama rettangolare della tela"[9]. Per avere un'idea dell'effetto complessivo dei suoi pezzi più vibranti risalenti agli anni cinquanta, pensate alla *Madonna dal collo lungo* del Parmigianino (1535-1540 circa) trasformata in un *corps morcelé*[10]. Comunque sia, il collage ha un ruolo fondamentale nell'arte di Marca-Relli.

Ma ora basta col passato, parliamo del presente. All'inizio ho accennato all'attualità di Marca-Relli, anche se a dire il vero la sua è probabilmente una figura inattuale, nel senso nietzschiano della parola, ossia qualcuno che va controcorrente e si colloca al di là delle mode passeggere. L'ha sempre fatto. Era un italiano in America e un americano in Italia; un sostenitore del collage di ascendenza europea proprio quando la pittura americana trionfava sulla scena mondiale. Un maestro irascibile – a giudicare dal volto severo e leonino nella maggior parte delle fotografie[11] – che evitò, per timidezza e introversione, di posare insieme al gruppo dei diciotto espressionisti astratti (gli Irascibili, appunto) che nel 1950 decisero, comprensibilmente, di farsi avanti per protestare pubblicamente contro il conservatore Metropolitan Museum of Art.

Inattuale, anche, come defunto maschio bianco eterosessuale, in contrasto con la politica identitaria di oggi, che cerca di ripristinare la parità per chi è stato fin qui emarginato, ostracizzato e oppresso: dalle donne e dalle persone di colore attraverso l'intero spettro arcobaleno LGBTQ+[12]. Lasciamo che questa mostra romana e la voce di uno studioso molto più giovane, Massimo Belli, parlino da sole. Qualunque sia il verdetto, i segni misurati eppure combattivi di Marca-Relli – studiati per fondere spazi negativi e positivi densi di spiragli – resisteranno: il loro ritmo energico e *ben marcato* continuerà a risuonare per i posteri.

Note

1   D. Anfam, *Conrad Marca-Relli: "A Sum of Destruction"*, in *Conrad Marca-Relli*, a cura di B. Alfieri, Bruno Alfieri Editore, Milano 2008, pp. 11-35.
2   H.H. Arnason, *Marca-Relli*, H.N. Abrams, New York 1963, p. 11.
3   Potrebbe essere di qualche rilevanza ricordare che *I sette samurai* di Akira Kurosawa (1954) – ampiamente considerato tra i più grandi film del ventesimo secolo e che ha avuto un'enorme influenza – fu distribuito negli Stati Uniti nel 1956.
4   Assente nella versione del Louvre per il semplice motivo che nel frattempo è diventata sera (la battaglia durò otto ore).
5   *Conrad Marca-Relli*, a cura di L.M. Barbero, Electa, Milano 1998, p. 19.
6   Per un resoconto esauriente dell'impatto della guerra sul fenomeno dell'espressionismo astratto, si veda S. Polcari, *Abstract Expressionism and the Modern Experience*, Cambridge University Press, Cambridge-New York 1991. Eppure, le 408 pagine del libro non contengono una sola parola su Marca-Relli: presumibilmente – e in maniera alquanto significativa – l'artista non è stato ritenuto una figura abbastanza canonica.
7   Nella sua sperimentazione di un ricco cromatismo, Marca-Relli era in anticipo sui tempi, specialmente negli anni ottanta, con opere quali *Artesian Blue* (1982) e *Burnt Yellow* (1984), preannunciate da *"The Terminal" EH-L-9-67* (1967).
8   Un dipinto-collage del 1956 reca il titolo *Warrior*.
9   P. Tyler, *Marca-Relli*, Editions Georges Fall, Paris 1960, p. 24.
10 Verso la fine della sua vita, quando si stabilì a Parma, o forse anche molto prima, Marca-Relli dovette indubbiamente ammirare gli affreschi di Correggio nel Duomo e in San Giovanni Evangelista dove sensuali corpi angelici si fondono in concatenazioni celestiali.
11 Casualmente (e stranamente) simile al barbuto e feroce Toshiro Mifune dei *Sette samurai*.
12 Come persona etnicamente e ideologicamente diversa, accolgo con favore queste guerre culturali. Attenzione, però, alla "diversità" di facciata, dettata dalle mode. Per un resoconto incisivo su quest'ultimo fenomeno, si veda N. Leong, *Identity Capitalists: The Powerful Insiders Who Exploit Diversity to Maintain Inequality*, Stanford University Press, Stanford 2021.

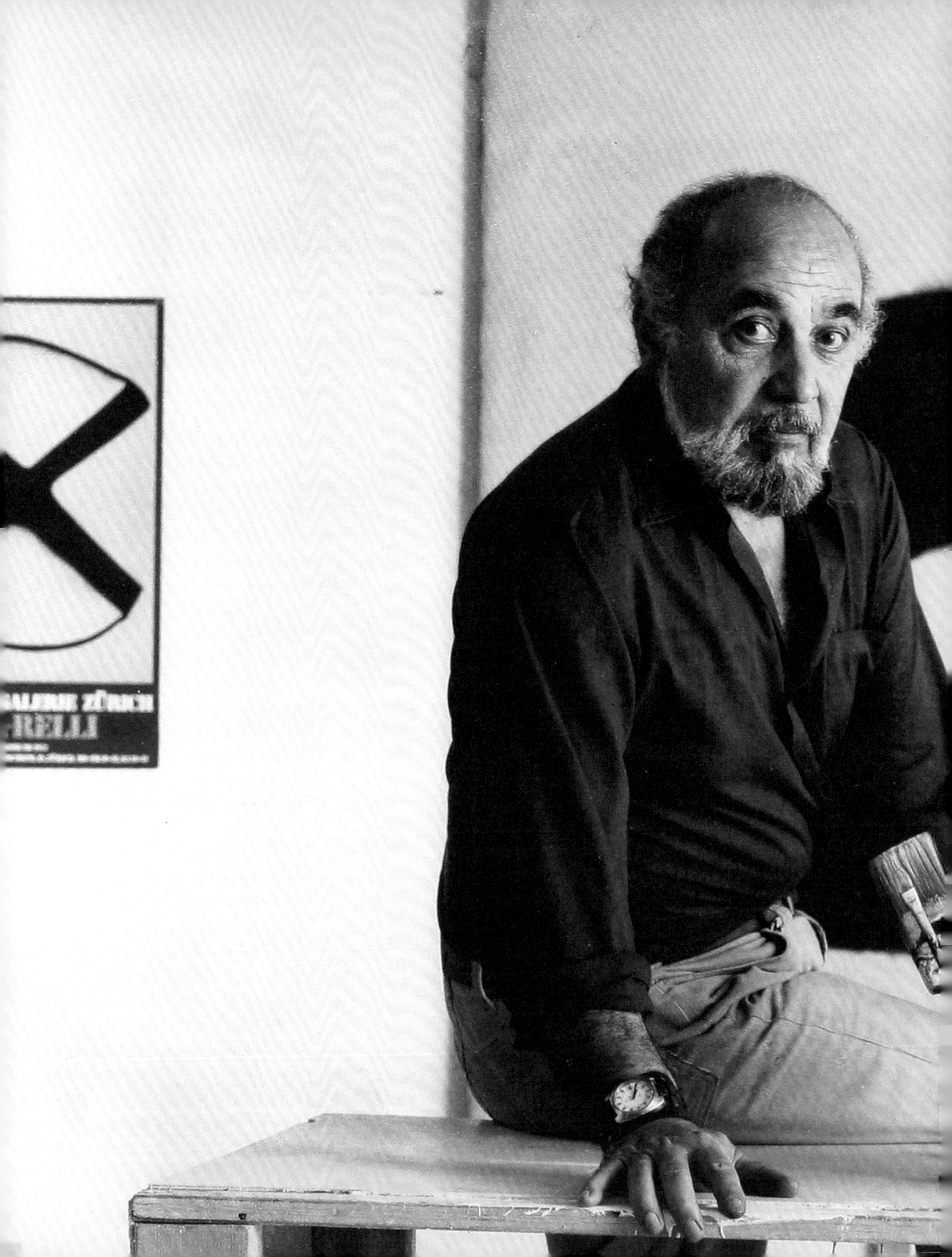

GALERIE ZÜRICH

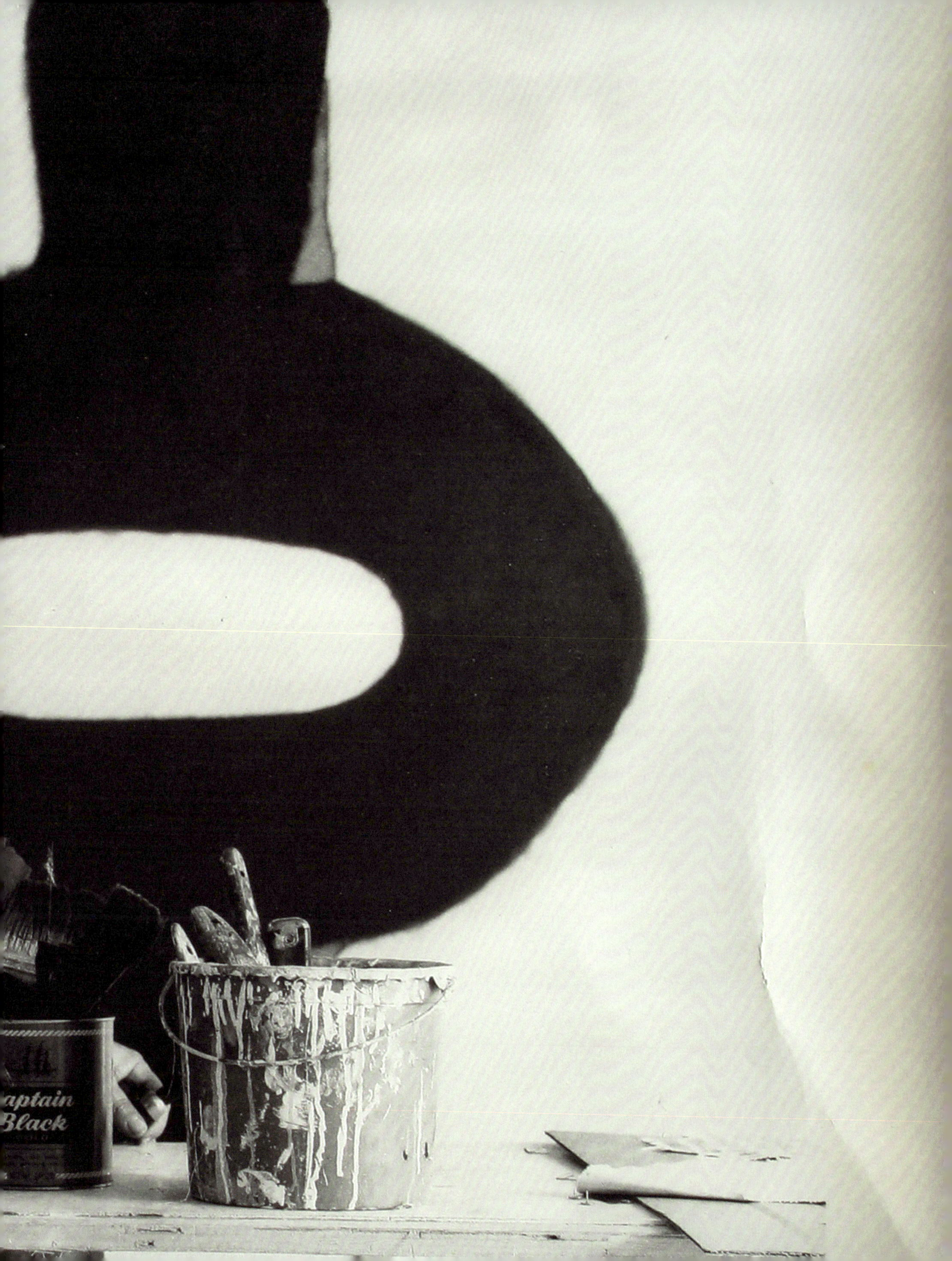

aptain
Black

FIGURATIVE, ABSTRACT, AND CONCRETE

Massimo Belli

A representative of Abstract Expressionism verging on the aniconic due to his aversion to photography,[1] Marca-Relli left a distinctive mark on the international art scene through the more or less tangible aspects of the art world.

A tireless traveler, he cultivated relationships on both continents—Europe and America—thanks to a *sui generis* personality that opened up to otherness in an impetuous, friendly manner—a truly "irascible" trait! He acted as the unifying bond in the various experiences in which he participated—from the 8th Street Club via the *9th Street Show* to the Rome-New York Art Foundation—and his travels contributed to many of the cultural exchanges that took place between Italy and the United States in the second half of the twentieth century: from the Roman stays of Thomas B. Hess and Willem de Kooning to Afro and Burri's[2] fascination with the New York scene and the encounter with Lucio Fontana and Ezio Gribaudo in New York, where he acted as their guide for part of the journey.[3]

How to resist picking up the meaningful conclusions drawn by David Anfam elsewhere in this volume? Marca-Relli's eclecticism—artistic, poetic, and, above all, personal—made him a true champion of diversity of his time: unwilling to yield to the logic of a market on the rise, he resisted the rampant abstractionist influence of his colleagues, perpetrating a Picassoid trend that remained closely tied to the concept of "perimeter." Nothing goes beyond, nothing overflows. Everything originates, lives, and dies within the painting.

He did not back down, not even when turning his collage-painting into action painting would probably have meant giving it a spectacular edge over the work of his contemporaries. The way in which Marca-Relli was able to convey his diversity—a term that had a very different meaning then from the one now assumed in a world that has finally replaced "inclusivity" with "sharing"[4]—revealed an almost ascetic attitude of devotion to his work, an ability to never distance himself from his poetics, renewing its contents and technique. Unexpectedly, this orthodoxy, typical of a workshop master,[5] turned out to be the most disruptive and revolutionary characteristic of a decade scarred by the rhetoric of it is *better to burn out than to fade away*.[6]

One can appreciate Marca-Relli's *sum of deconstructions*[7]—as relevant as ever in a world that once again emerges from the rubble of an ill-starred event such as a global pandemic—without any mediation, categorization, or distortion, for what it truly is: pure controlled action.

Conrad Marca-Relli was therefore an artist who was both upright and dynamic, an artist who was capable of reconciling two continents—and not only artistically.

As a young artist influenced by the Metaphysical Art of Giorgio de Chirico and Mario Sironi, and by French Surrealism, Marca-Relli spent 1947–48 living between Paris and Rome, a journey that gave him the opportunity to experience Europe and to make connections to some of the leading personages on the Roman art scene, also resulting in his celebrated friendship with Afro Basaldella, Alberto Burri, and Toti Scialoja. He made his exhibition debut in the same period with solo shows at the Niveau Gallery, New York, in 1947, and at the Galleria Il Cortile, Rome, in 1948.[8] After returning to the States at the start of the '50s, Marca-Relli became the promoter and protagonist of the 8th Street Club, and, naturally, also of the exhibition marking the debut of Abstract Expressionism: the celebrated *9th Street Show*, which saw him engaged in lengthy preparations in collaboration with his friend Franz Kline, under the patronage of Leo Castelli, then assistant to Sidney Janis.

In the early 1950s, Marca-Relli made a decisive change of course that would transform him into the artist we all recognize today: during his long Mexican sojourn in San Miguel de Allende in the summer of 1952, he began to use collage to make works with a Picassoid figuration, focusing on human physiognomies and architectural compositions. His *Cityscapes* produced in the same period reveal the Cubist approach adopted by Marca-Relli in these oil on canvases depicting stark houses in the desolate Mexican wastes. Entering the Galleria Mattia De Luca, we can see them displayed on the same wall: both the 1952 work and the one produced the following year feature a view in the foreground constructed by juxtaposing monochrome fields in shades of grey and dark blue. The point of contact between the still painterly experience of his *Cityscapes* and the introduction of the collage to the artist's work is the *"Ora" Seated*

Figure, where a small figure evoked in the middle of the canvas is surrounded by a rigid, spare architectural frame. In this painting, with its metaphysical feel and cubist composition, Marca-Relli made a decisive transition to a new medium by applying strips of overpainted canvas to an oil on panel. Starting with this work—included in the exhibition—the artist would focus on the technical means and the creation of subjects, all deriving from the field of reality: by observing the wooden mannequin, he would mentally re-formulate the human figure, maintaining the idea, the illusion, the anatomical suggestion as well as the form. He developed these figures using a razor to slice strips of bare canvas, sometimes painted in shades of beige or off-white, then applying the strips to the support using dark glues that outlined their shapes and that could, if necessary, provide color. Using this process—to which the artist later added cigarette burns and scraps of newspaper and paper—Marca-Relli produced his great masterpieces of the 1950s: hieratic figures, more like assembled bodies than real physiognomies, populated nearly the entire surface of the canvas, aligning themselves in a harmonious tension with a classical feel emphasized by the dynamism of the technique, which allowed the artist to constantly modify the arrangement of the canvas strips, creating a movement confined within the perimeter of the frame.

The 1954 seated figure *Untitled* becomes a model of this contrite compositional tension enclosed in a classic figuration—note the white chromatic range and the solemn pose of the outline—created according to the criteria of deconstruction distinguishing *Woman I* (1950–52) by his friend Willem de Kooning. These forms in harmonious tension would multiply in the following years, especially during the three-year period that the artist spent in Springs, East Hampton, where he lived in close contact with his next-door-neighbor Jackson Pollock. The profound friendship between the two artists seemed to lead Marca-Relli towards increasingly dynamic and crowded compositions. During these years, which coincided with the artist's move to Eleanor Ward's Stable Gallery in 1953, Marca-Relli concentrated his efforts on creating compositions full of movement, constructed in increasingly small portions of the canvas, thereby shifting the focus onto the architecture of the event represented.[9] The early stage of this metamorphosis can be perceived in the triple figure of his 1955 work *L-LA-55 The Strategist*, which develops an unusual dynamism for the Boston artist by amplifying the anatomical deconstruction in a manner evocative of Duchamp's *Nude Descending a Staircase*. In late 1955, he made *N-7-55*, evoking a reclining figure created through the contrast between the white areas of the canvas and the black glues, and *The Struggle*, which belonged to Eleanor Ward's private collection for many years: a triumph of "composite tension"[10] portraying the fight between two entangled reclining figures, in a scene dominated by the anatomical parts that the artist has chosen to highlight.

The ideal visual counterpart to this work is the memorial painting *L-8-56 Death of Jackson Pollock*. Created to celebrate his friend and colleague, the piece is imbued with the solemnity of the great ecclesiastical sepulchers of the Renaissance, providing a glimpse of a figure laid out diagonally on the ground, from left to right; we can discern a reclining head and the sheet placed over the artist's body on the night of August 11, 1956, when Marca-Relli was called to identify him.

Exhibited in the same room, his next work was already projected towards the vast canvases of 1956–57, marking the transition to what we might define as an "architecture of movement":[11] *M-11-56* is a tumult of canvas strips suggesting the presence of two figures crouching with a subdued palette ranging from white to pale beige; in the wake of this composition with its many small strips of canvas, he produced masterpieces like *The Battle* (The Metropolitan Museum of Art) and *The Warrior* (Solomon R. Guggenheim Museum). Private matters strongly linked to the death of his colleague from Cody[12] caused Marca-Relli to return to Europe; back to Paris and, above all, to Rome.

In 1957, Marca-Relli was back in the Eternal City, in the Parioli neighborhood, which was home to the studios of artists like Ettore Colla and Afro Basaldella, a close friend of Marca-Relli who had shared a house with him in Oakland in 1958. He held his last Roman solo show in 1957 at Galleria La Tartaruga, owned by Plinio De Martiis. Sixty-four years later Mattia De Luca echoed De Martiis's intuitive genius by returning Marca-Relli's work to the Italian capital.[13] Towards the end of the '50s, this new compositional approach focusing on the dynamism of the figures reached its peak in canvases with an abstract appearance, whose subjects bear hardly any trace of the original anthropomorphism that characterized the first half of the decade. A perfect example of this tendency towards geometric abstraction is the 1959 white-on-white work entitled *M-14-59*. As before, it is the title that anchors Marca-Relli's work to the sphere of reality, as in the abstract composition *The Wall No. 2*, a triumph of the artist's large-format collage and mixed media of the '50s, created using his signature palette. In this large work, Marca-Relli seeks to highlight the concept of "limit,"[14] enhancing the edges of the canvas strips, always a focus of his analysis and keystone of the construction of forms through an alternation of voids and solids.

The '60s marked a new shift of interest for Marca-Relli towards the more rhythmical composition that would be the foundation of American Minimalism. Works like his 1962 *L-8-62 Cunard*[15] and *"Project F" L-14-62*, which face each other in the exhibition, reveal the artist's wish to explore metal materials on a vast scale, using them for the large juxtaposed panels affixed to a neutral white ground. In the same period, the artist saw his success consolidated on the international scene, sealed by the splendid retrospective held at New York's Whitney Museum in 1967. That same year Marca-Relli created his first plastic pieces in the wake of a handful of earlier experiments: after bending sheet metal panels, he riveted them to each other in a centripetal movement. The harsh whiteness of his 1967 metal sculpture *Untitled* marks his definitive shift to the third dimension already emerging from the reliefs of his collage-palimpsests.

The late '60s were not only the acme of his exhibition activity but also marked a sea change in his relationship with the world: a tireless wanderer, Marca-Relli decided to spend the following two decades shuttling between his home on Ibiza and the warm ambience of Sarasota while making time for stays in Paris and New York. After moving to the New Jersey countryside in the '90s, he finally chose Parma—which would become the home of Archivio Marca-Relli—

as his final destination. Following two decades of difficulties with militant contemporary criticism, this last journey, which took place in 1990,[16] would infuse new life into his poetics. This phase of his career closed with two major retrospectives held at the Peggy Guggenheim Foundation, Venice, in 1998, and at the Institut Mathildenhöhe in Darmstadt in 2000.

Author of a vast body of work, of artistic research carried out over the space of fifty years, Marca-Relli leaves a legacy of Abstract Expressionism re-interpreted from a European perspective and imbued with an awareness of the great art history of the early twentieth century. Charismatic and reticent, a truly irascible figure in every milieu that he frequented, the Italian American artist Marca-Relli left posterity an artistic and cultural legacy that has yet to be fully explored. A legacy built in the wake of a past that continues to be relevant today because it is mediated by a still bold technique that could only be the work of a classic master among the New York Irascibles.

Notes

1   Marca-Relli's notorious reluctance to pose before a lens has left us a body of photographic evidence that is modest in size but great in quality.

2   M. Vallora, "L'uomo con la valigia. Marca-Relli e l'arte americana," in *Marca-Relli, l'amico americano. Sintonie e dissonanze con Afro e Burri*, edited by M. Vallora, exhibition catalog, Galleria d'Arte Niccoli, Parma, May, 18 – July 20, 2002 (Verona: Grafiche Aurora, 2002).

3   S. Cecchetto, *Ezio Gribaudo e Lucio Fontana. Cronaca di un viaggio americano* (Milan: Skira, 2011), 34–35.

4   The act of including postulates a priori an active dominant party, which includes, and a passive part, which is included. Current progress in the area of social equality, which embraces the variegated universe ranging from feminism to LGBTQ+ communities, seeks to promote the correct use of a shared logic hinging on the equality of the parts involved.

5   In fact, as a teenager, he was apprenticed to the Italo-American sculptor Onorio Ruotolo in his studio.

6   The words, which are taken from the lyrics of *Hey Hey, My My (Into the Black)* written by Neil Young in 1979 and quoted in Kurt Cobain's 1994 suicide note, allude to the premature deaths of so many of the American Abstract Expressionists—Pollock, Kline, Rothko—in a climate of exasperation exacerbated by depression, alcoholism, and the use of drugs.

7   D. Anfam, "Conrad Marca-Relli. 'A Sum of Deconstructions,'" in *Conrad Marca-Relli*, edited by S. Giacobone and B. Alfieri, exhibition catalog, July 15 – September 28, 2008, Rotonda della Besana, Milan (Milan: Bruno Alfieri Editore, 2008), 11–35.

8   The artist, who was staying in a studio-apartment in the Via Margutta, was introduced to the Roman art scene by his colleague Nicolas Carone.

9   B. Chaet, "Collage Transformed: An Interview with Conrad Marca-Relli," *Arts*, June 1959: 64.

10   B. Corà, *Marca-Relli. Tensioni composte*, exhibition catalog, October 30, 2004 – January 8, 2005, Galleria Open Art, Prato (Pisa: Pacini Editore, 2004).

11   H. H. Arnason, "Marca-Relli," in *Marca-Relli*, edited by H. H. Arnason (Turin: Edizioni d'Arte Fratelli Pozzo, 1963). Cited here is the edition reprinted by Tipo Stampa, Turin, 2018, n.p.

12   Paul Jackson Pollock was born in Cody on January 28, 1912.

13   The absence from the Roman scene of an artist of the caliber of Conrad Marca-Relli is staggering or, at the very least, surprising.

14   D. Ashton, *Marca-Relli*, edited by D. Ashton, exhibition catalog, October 6 – November 26, 1990, Galleria d'Arte Niccoli, Parma (Parma: Galleria d'Arte Niccoli, 1990).

15   The work, made of riveted metal sheets, echoes and takes the name of the celebrated British cruise line whose transatlantic ships the young Marca-Relli sailed on.

16   By 1989, the artist was already in contact with Galleria d'Arte Niccoli, that now owns the artist's archive, as emerges clearly from G. Niccoli, "Conrad ed io," in *Marca-Relli*, edited by G. Mughini and G. Niccoli, exhibition catalog, March 25 – June 17, 2006, Lagorio Arte Contemporanea, Brescia (Brescia: SHIN edizioni, 2016), 17.

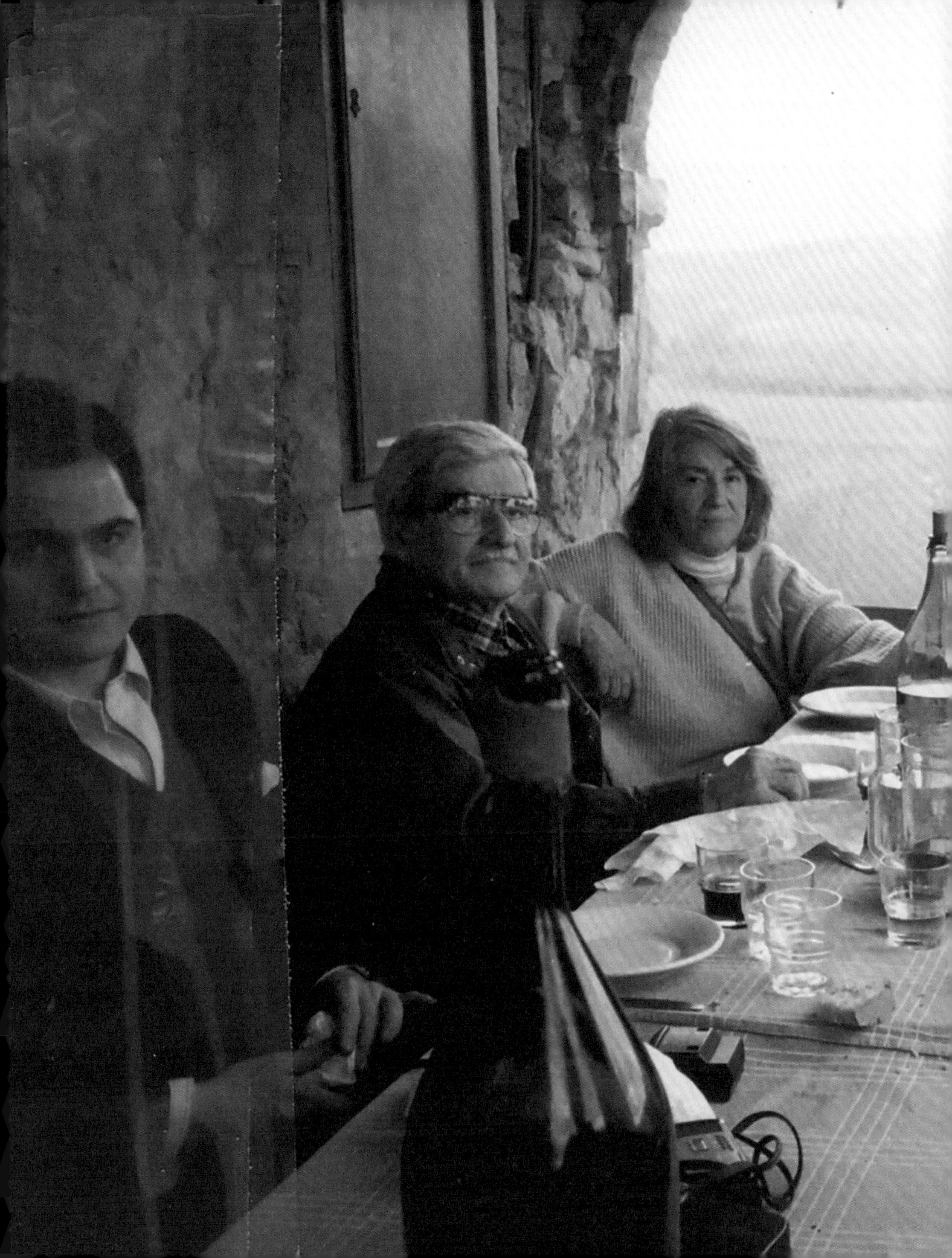

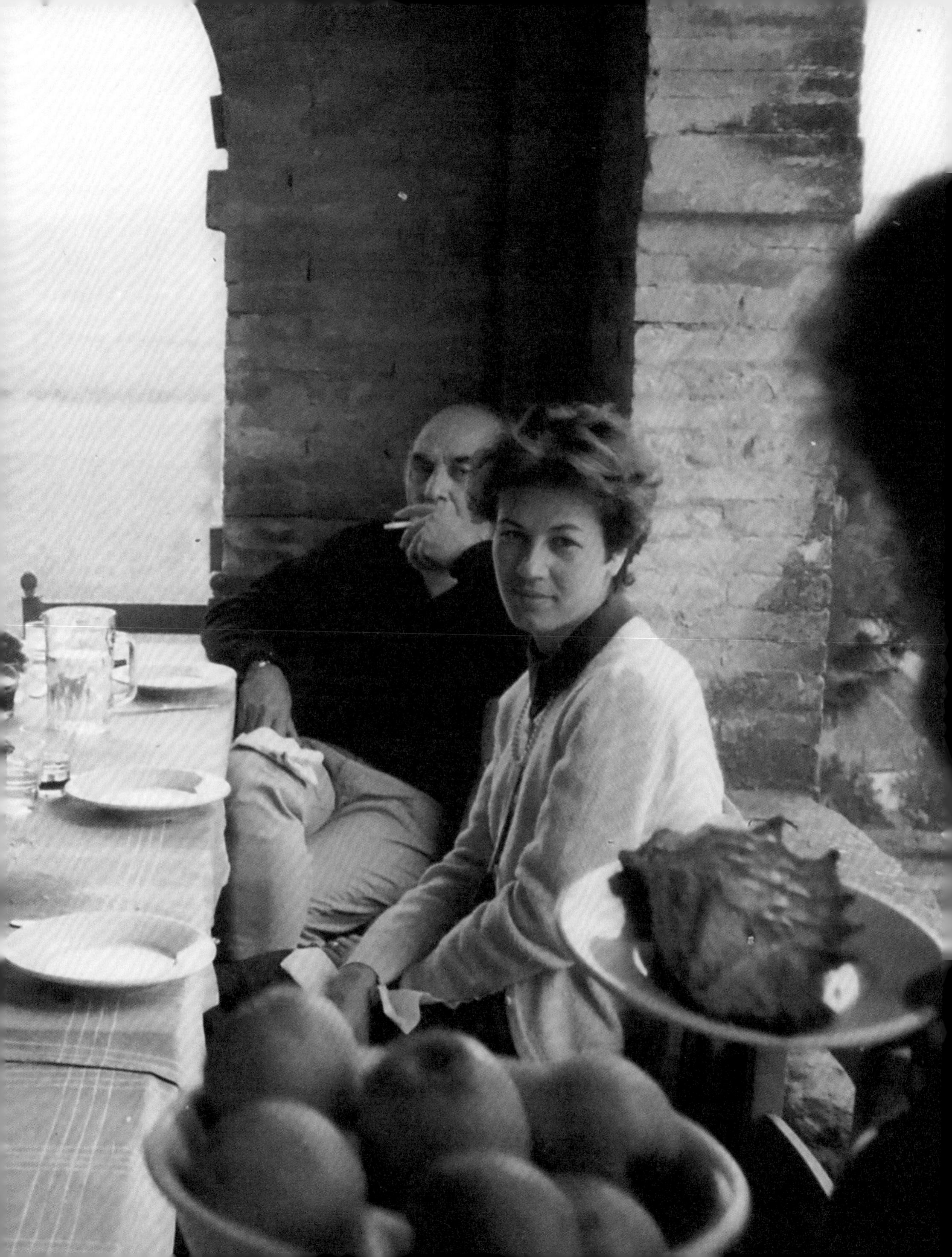

FIGURATIVO, ASTRATTO E CONCRETO

Massimo Belli

Personaggio quasi aniconico dell'espressionismo astratto per la sua refrattarietà al mezzo fotografico[1], Marca-Relli è stato capace di tracciare un segno netto nel panorama artistico internazionale attraverso gli aspetti più o meno tangibili del mondo dell'arte.

Instancabile viaggiatore, coltivò rapporti in entrambi i continenti – Europa e America – grazie alla personalità *sui generis* che si dischiudeva all'alterità con un impetuoso fare amichevole, tratto veramente "irascibile" del suo carattere. Collante delle esperienze di cui fu partecipe – dall'8th Street Club alla "9th Street Show", fino alla Rome-New York Art Foundation – si devono ai suoi viaggi molti degli scambi culturali che Italia e Stati Uniti intrattennero nel corso del secondo Novecento: dai soggiorni romani di Thomas B. Hess e Willem de Kooning alla fascinazione per la scena newyorkese da parte di Afro e Burri[2], fino all'incontro con Lucio Fontana ed Ezio Gribaudo a New York, dove fece loro da cicerone per parte del viaggio[3].

Impossibile non raccogliere le pregnanti istanze lanciate da David Anfam in questo volume: per il suo eclettismo – artistico, poetico e, in primo luogo, personale – Marca-Relli fu un campione di diversità del suo tempo. Difficile da piegare alle logiche di un mercato artistico in ascesa, si oppose alla dilagante influenza astrattista dei suoi colleghi, perpetrando un picassismo che rimaneva saldamente ancorato al concetto di "perimetro". Nulla travalica, nulla dilaga. Tutto nasce, si esperisce e muore nel quadro.

Non rinnegò se stesso nemmeno nel momento in cui fare della sua pittura-collage una pittura in azione ne avrebbe probabilmente potenziato la portata spettacolarizzante fra i suoi contemporanei. Questa sua diversità – ben lontana dal significato che questo termine assume oggi in un mondo che finalmente ha sostituito al termine di "inclusività" quello di "condivisione"[4] – Marca-Relli fu in grado di diffonderla con un atteggiamento quasi eremitico di abnegazione al lavoro, senza distaccarsi mai dalla sua poetica, ma rinnovandola nel contenuto e nella tecnica. E proprio questa sua ortodossia da maestro di bottega[5] fu, inaspettatamente, il tratto più dirompente e rivoluzionario di un decennio segnato dalla retorica del *better to burn out than to fade away*[6].

La "somma di decostruzioni"[7] di Marca-Relli, attuale come non mai in un mondo che nuovamente esce dalle macerie di un evento nefasto come quello di una pandemia globale, si lascia ammirare senza correttivi, senza categorizzazioni, senza travisamenti, per ciò che è: pura azione controllata.

Conrad Marca-Relli fu, dunque, un artista al contempo integerrimo e dinamico, capace di conciliare, non solo artisticamente, due continenti.

Giovane artista debitore della pittura metafisica di Giorgio de Chirico e Mario Sironi e del surrealismo francese, Marca-Relli soggiornò fra Parigi e Roma nel biennio 1947-1948, un viaggio che gli consentì di aprirsi alle esperienze europee e legarsi ai personaggi di spicco della scena romana: celebre è la sua amicizia con Afro Basaldella, Alberto Burri e Toti Scialoja. A questo stesso periodo appartengono gli esordi espositivi: le sue prime mostre personali si tennero alla Niveau Gallery di New York nel 1947 e alla Galleria Il Cortile di Roma nel 1948[8]. Tornato negli States al volgere degli anni cinquanta, Marca-Relli fu promotore e protagonista dell'8th Street Club e, viene da sé, della mostra d'esordio dell'espressionismo astratto: la celebre "9th Street Show", alla realizzazione della quale egli collaborò a lungo insieme all'amico Franz Kline sotto il patrocinio dell'allora assistente di Sidney Janis, Leo Castelli.

Risale agli albori degli anni cinquanta il decisivo cambio di rotta che fece di Marca-Relli l'artista che oggi conosciamo: a cavallo di un lungo soggiorno messicano a San Miguel de Allende nell'estate 1952, l'artista approdò alla tecnica del collage per creare opere che avevano come soggetto una figurazione di ascendenza picassiana, focalizzata sulle fisionomie umane e sulle composizioni architettoniche. Nei *Cityscapes* realizzati in quello stesso periodo siamo in grado di rintracciare la linea cubista con cui Marca-Relli riproduce a olio su tela le spoglie case delle desolate lande messicane. Entrando nelle sale della Galleria Mattia De Luca li possiamo ammirare esposti sulla medesima parete: sia nel lavoro del 1952 che in quello realizzato l'anno seguente, Marca-Relli esegue una veduta in primo piano, costruita per accostamento di campiture monocrome in scala di grigi e blu scuro. Punto di contatto fra l'esperienza ancora pittorica dei *Cityscapes* e l'introduzione del collage nel lavoro dell'artista è l'opera-testamento *"Ora" Seated Figure*, nella quale una figurina accennata nell'area centrale della tela è inserita all'interno di una cornice architettonica rigida e asciutta. In questo quadretto di sapore metafisico e di impostazione cubista, Marca-Relli compie un passaggio di medium decisivo: realizzata già a olio su legno, l'opera si arricchisce di strisce di tela grezza ridipinte. A partire da questo lavoro, presente in mostra, l'artista si dedicherà all'espediente tecnico dell'opera e alla genesi dei soggetti, tutti inderogabilmente derivanti dal campo del reale: osservando il manichino ligneo, egli rielaborava mentalmente la figura umana, mantenendone l'idea, la parvenza, l'accenno anatomico, la forma. La realizzazione avveniva tagliando con il rasoio strisce di tela grezza, talvolta dipinta nelle tonalità del beige e del bianco sporco, per apporle in un secondo momento sul supporto mediante l'utilizzo di colle scure che ne delineavano i contorni e, all'occorrenza, fungevano da colore. Attraverso questo procedimento – al quale l'artista aggiunse poi anche segni di bruciature di sigaretta e ritagli di giornale e carta – presero vita i grandi capolavori degli anni cinquanta: figure ieratiche, più vicine a corpi assemblati che a vere e proprie fisionomie, occupavano quasi interamente la tela disponendosi in un'armoniosa tensione di sapore classico enfatizzata dal dinamismo della tecnica, che permetteva all'artista di modificare continuamente, e all'occorrenza correggere, la disposizione delle strisce di tela, creando un moto confinato all'interno del perimetro della cornice.

La figura seduta di *Untitled* del 1954 assurge a modello di questa tensione compositiva contrita e racchiusa in una figurazione classica – si notino la gamma cromatica bianca e la posa solenne della sagoma – ricavata secondo i criteri di scomposizione già tipici di *Woman I* (1950-1952) dell'amico Willem de Kooning. Queste forme in armonica tensione andarono moltiplicandosi negli anni successivi, in particolare nel triennio in cui l'artista si trasferì a East Hampton, negli Springs, dove visse a strettissimo contatto con Jackson Pollock, suo vicino di casa. La profonda amicizia che legò i due artisti sembrò guidare Marca-Relli verso composizioni maggiormente dinamiche e affastellate. Durante questi anni, che coincidono con il passaggio dell'artista alla Stable Gallery di Eleanor Ward nel 1953, Marca-Relli concentra i suoi sforzi nel creare composizioni ricche di movimento, costruite su porzioni di tela sempre più piccole, che spostassero l'attenzione sull'architettura dell'evento rappresentato[9]. Siamo in grado di apprezzare la fase primordiale di questa metamorfosi attraverso la triplice figura di *L-LA-55 The Strategist* (1955), che restituisce una dinamicità inusitata per l'artista di Boston mediante un ampliamento della scomposizione anatomica che richiama fortemente l'operazione duchampiana di *Nu descendant un escalier*. Al tardo 1955 risalgono, invece, le opere *N-7-55*, accenno a una figura sdraiata realizzata per contrasto fra le porzioni bianche di tela e il nero delle colle, e *The Struggle*, che fece a lungo parte della collezione privata della stessa Eleanor Ward: un trionfo di "tensione composita"[10] che mostra il conflitto fra due figure distese e aggrovigliate, le cui componenti anatomiche che l'artista sceglie di accennare diventano protagoniste della scena.

Ideale e visivo contraltare di quest'opera è il quadro-elogio *L-8-56 Death of Jackson Pollock*. Realizzato in memoria dell'amico e collega americano, questo lavoro respira la solennità dei grandi sepolcri ecclesiastici del Rinascimento, lasciandoci intravedere una figura distesa diagonalmente a terra, da sinistra a destra, della quale siamo in grado di riconoscere l'accenno a una testa reclinata e al velo con il quale fu coperto il cadavere dell'artista la notte dell'11 agosto 1956, quando spettò allo stesso Marca-Relli identificarne il corpo esanime.

Esposta nella medesima sala, l'opera successiva realizzata dall'artista è già proiettata verso le tele ciclopiche del 1956-1957 e segna il passaggio a quella che possiamo definire un'"architettura del movimento"[11]: *M-11-56* è un subbuglio di strisce di tela in grado di suggerirci la presenza di due figure accovacciate nel candore di una gamma cromatica compresa fra il bianco e il beige tenue; è sulla scia di questa composizione così ricca di piccole strisce di tela che nasceranno capolavori come *The Battle* (The Metropolitan Museum of Art) e *The Warrior* (Solomon R. Guggenheim Museum).

Le vicende private, fortemente connesse alla scomparsa del collega di Cody[12], spinsero

Marca-Relli a tornare in Europa: ancora Parigi, ma soprattutto Roma. Nel 1957 si trova infatti nella Capitale, nel quartiere Parioli, che già ospitava gli studi di artisti come Ettore Colla e Afro Basaldella, al quale Marca-Relli fu molto legato e con il quale convisse a Oakland nel 1958. Al 1957 possiamo ricondurre anche la sua ultima personale romana, presso la Galleria La Tartaruga di Plinio De Martiis. Sessantaquattro anni dopo, Mattia De Luca fa eco al genio intuitivo di De Martiis, riportando l'italoamericano in mostra nella capitale[13].

Sul finire degli anni cinquanta, il nuovo indirizzo compositivo votato al dinamismo delle figure raggiunse l'apice in tele dall'aspetto astratto, nelle quali è quasi impossibile ricondurre la scelta del soggetto all'antropomorfismo originario della prima metà del decennio; di questa tensione all'astrattismo geometrico è perfetto esempio il quadro realizzato in bianco su bianco *M-14-59* del 1959. Ad ancorare l'opera di Marca-Relli al campo del reale, anche in questa fase, ci pensa quasi sempre il titolo, come nella composizione di sapore astratto *The Wall No. 2*, trionfo a collage e tecnica mista dal grande formato degli anni cinquanta e dalla gamma cromatica tipica dell'artista bostoniano. In quest'opera, di ragguardevole dimensione, Marca-Relli mira a evidenziare il concetto di "limite"[14], esaltando i bordi delle strisce di tela, da sempre campo di analisi dell'artista e chiave di volta per la costruzione delle forme attraverso l'alternanza di spazi pieni e spazi vuoti.

Gli anni sessanta segnano un nuovo spostamento di interesse nell'indagine di Marca-Relli, ora votato a una composizione più ritmica, tematica che sarebbe stata chiave di volta del *minimal* americano. Opere come *L-8-62 Cunard*[15] e *"Project F" L-14-62* (1962), che si fronteggiano all'interno del percorso espositivo, ci mostrano il desiderio dell'artista di aprirsi ai materiali metallici su larga scala, utilizzati nella realizzazione di grandi pannelli accostati e sovrapposti a neutri fondi bianchi. Parallelamente, ha inizio una fase di consolidamento dell'artista sulla scena internazionale, sugellata dalla splendida retrospettiva tenuta al Whitney Museum di New York nel 1967. A questo stesso anno – con sparute sperimentazioni precedenti – vanno ricondotti i primi oggetti plastici realizzati dall'artista: lastre metalliche piegate e avvitate l'una all'altra secondo schemi ritmici dal moto centripeto. Il terso biancore della scultura *Untitled* del 1967 segna la definitiva apertura di Marca-Relli alla terza dimensione, già soggiacente nel rilievo assunto dai suoi collage-palinsesto.

Fase apicale dell'attività espositiva dell'artista, il crepuscolo degli anni sessanta segnò anche un cambio di rotta nel suo rapporto con la mondanità: girovago instancabile, Marca-Relli decise di trascorrere il ventennio successivo fra la sua casa di Ibiza, la calda atmosfera di Sarasota e numerosi soggiorni parigini e newyorkesi.

Ritiratosi negli anni novanta nella campagna del New Jersey, scelse Parma e la galleria d'arte Niccoli – dove fu costituito l'Archivio Marca-Relli – come destinazione finale delle sue peregrinazioni. A quest'ultimo viaggio, iniziato idealmente nel 1990[16], si deve la rivitalizzazione della sua poetica dopo due decenni di difficoltà con la coeva critica militante. Chiuderanno questa nuova fase della carriera di Marca-Relli le due importanti retrospettive realizzate alla Fondazione Peggy Guggenheim di Venezia e all'Institut Mathildenhöhe di Darmstadt, rispettivamente nel 1998 e nel 2000.

Autore di una produzione corposa, di ricerche artistiche durate oltre mezzo secolo e mai abbandonate, Marca-Relli ci lascia in eredità un espressionismo astratto riletto in chiave europea e consapevole della grande Storia dell'arte del primo Novecento.

Figura carismatica e silenziosa, vero temperamento irascibile di ogni *milieu* che abbia frequentato, l'italoamericano è stato in grado di lasciare ai posteri un patrimonio artistico e culturale ancora inesplorato, costruito sulla scorta di un passato capace di farsi attuale poiché mediato da una tecnica flagrante oggi, e non solo allora, che non poteva che essere opera di un Maestro classico fra gli Irascibili newyorkesi.

Note

1   Celebre la riluttanza di Marca-Relli a posare davanti all'obiettivo, che ci restituisce oggi una documentazione fotografica scarna ma di grande qualità.

2   M. Vallora, *L'uomo con la valigia. Marca-Relli e l'arte americana*, in *Marca-Relli, l'amico americano. Sintonie e dissonanze con Afro e Burri*, a cura di M. Vallora (catalogo della mostra, Parma, Galleria d'Arte Niccoli, 18 maggio – 20 luglio 2002), Grafiche Aurora, Verona 2002.

3   S. Cecchetto, *Ezio Gribaudo e Lucio Fontana. Cronaca di un viaggio americano*, Skira, Milano 2011, pp. 34-35.

4   L'atto di includere premette aprioristicamente una parte dominante attiva, che include, e una passiva, che viene inclusa. L'attuale progresso nel campo dell'uguaglianza sociale, che abbraccia il variegato universo che spazia dal femminismo alle comunità LGBTQ+, cerca di promuovere il corretto utilizzo di una logica, invece, condivisa, imperniata sulla parità fra le parti in causa.

5   Non a caso si occuperà in adolescenza di assistere nel suo studio lo scultore italoamericano Onorio Ruotolo.

6   La frase, tratte dal testo di *Hey Hey, My My (Into the Black)* di Neil Young del 1979 e citata nella lettera di suicidio di Kurt Cobain del 1994, allude alle precoci dipartite di molti degli espressionisti astratti americani – Pollock, Kline, Rothko – in un clima di esasperazione fagocitato da condizioni di depressione, alcolismo e uso di stupefacenti.

7   D. Anfam, *Conrad Marca-Relli. "A Sum of Deconstruction"*, in *Conrad Marca-Relli*, a cura di S. Giacobone e B. Alfieri (catalogo della mostra, Milano, Rotonda della Besana, 15 luglio – 28 settembre 2008), Bruno Alfieri Editore, Milano 2008, pp. 11-35.

8   L'artista, che durante questo soggiornò si trovò una casa-studio in via Margutta, fu introdotto nell'ambiente artistico romano dal collega Nicolas Carone.

9   B. Chaet, *Collage Transformed: An Interview with Conrad Marca-Relli*, in "Arts", giugno 1959, p. 64.

10   B. Corà, *Marca-Relli. Tensioni composte* (catalogo della mostra, Prato, Galleria Open Art, 30 ottobre 2004 – 8 gennaio 2005), Pacini Editore, Pisa 2004.

11   H.H. Arnason, *Marca-Relli*, in *Marca-Relli*, a cura di H.H. Arnason, Edizioni d'Arte Fratelli Pozzo, Torino 1963. Qui si cita la ristampa edita da Tipo Stampa, Torino 2018, s.p.

12   Paul Jackson Pollock nacque a Cody il 28 gennaio 1912.

13   Sbalorditiva, o quantomeno peculiare, una tale assenza dalla scena romana di un artista della caratura di Conrad Marca-Relli.

14   D. Ashton, *Marca-Relli*, a cura di D. Ashton (catalogo della mostra, Parma, Galleria d'Arte Niccoli, 6 ottobre – 26 novembre 1990), Galleria d'Arte Niccoli, Parma 1990.

15   L'opera, realizzata in lamine di metallo avvitate, riecheggia e prende il nome della celebre compagnia navale britannica sulla quale il giovane Marca-Relli intraprendeva le rotte atlantiche.

16   L'artista intrattenne rapporti con la Galleria d'Arte Niccoli, alla quale fa capo l'archivio dell'artista, già a partire dal 1989, come ben espresso in G. Niccoli, *Conrad ed io*, in *Marca-Relli*, a cura di G. Mughini e G. Niccoli (catalogo della mostra, Brescia, Lagorio Arte Contemporanea, 25 marzo – 17 giugno 2006), SHIN edizioni, Brescia 2016, p. 17.

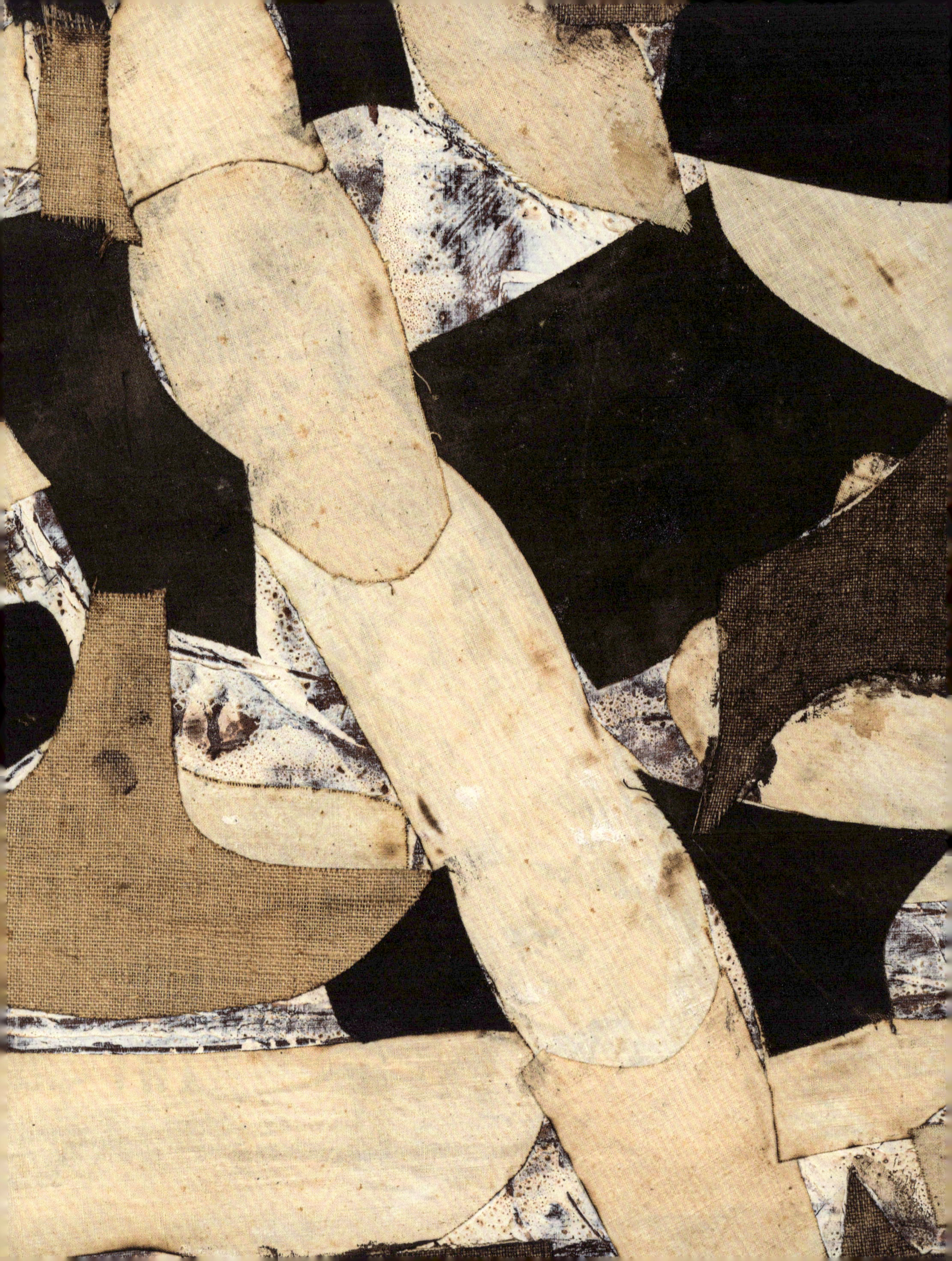

Opere esposte

Exhibited works

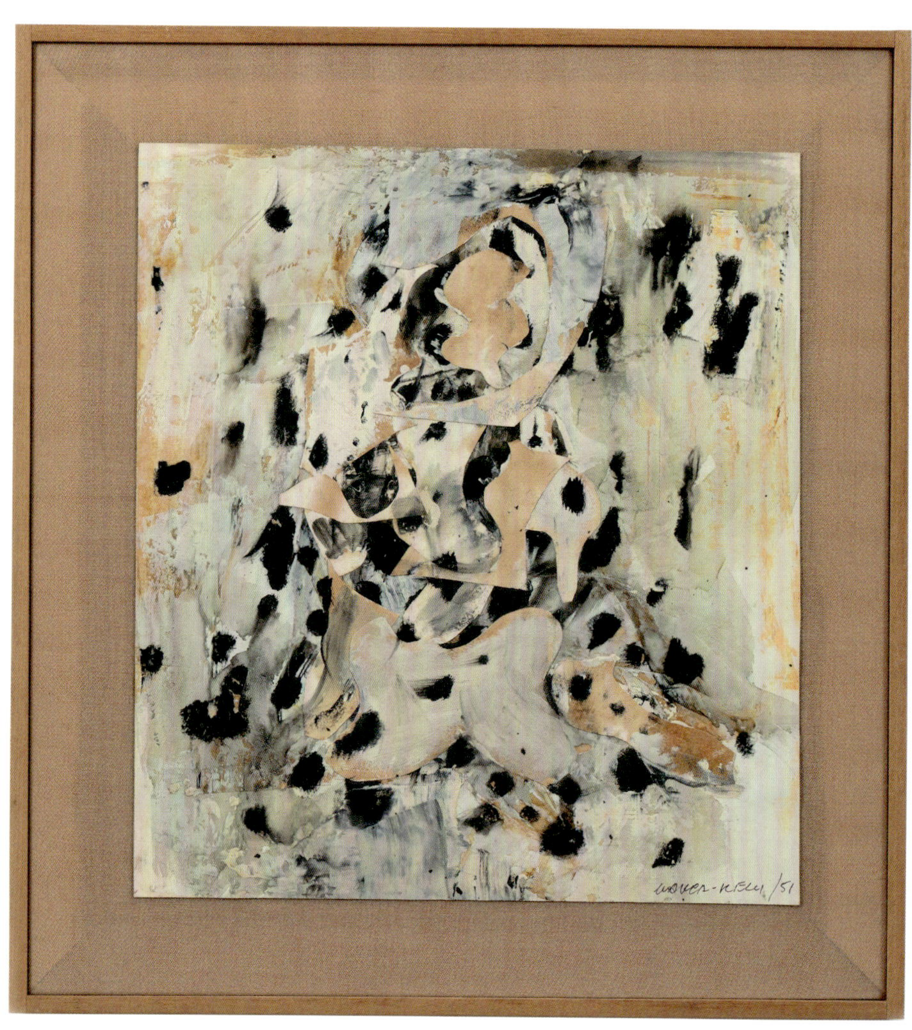

01   *Untitled*, 1951
      37.8 x 34.3 cm

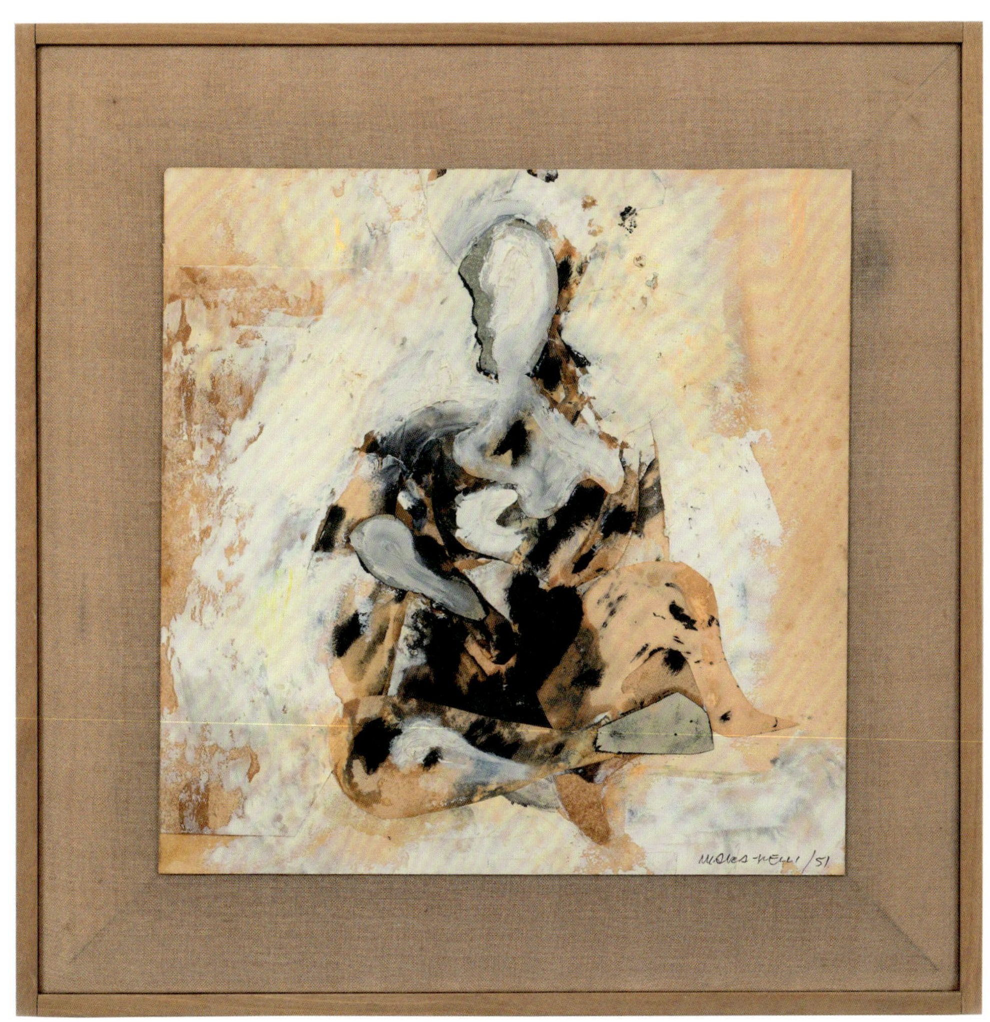

02   *Untitled (Figure)*, 1951
30.3 x 30.1 cm

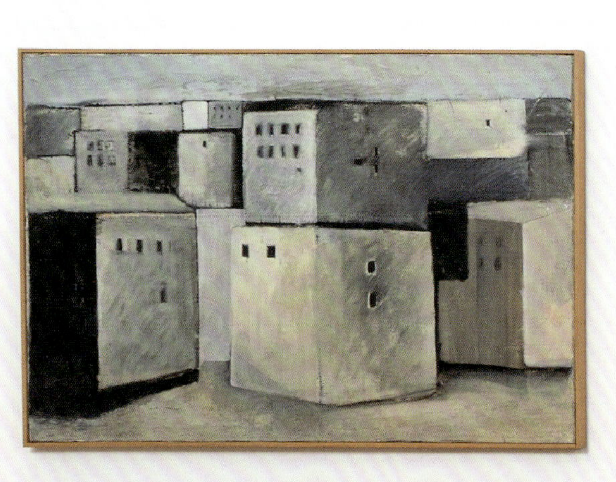

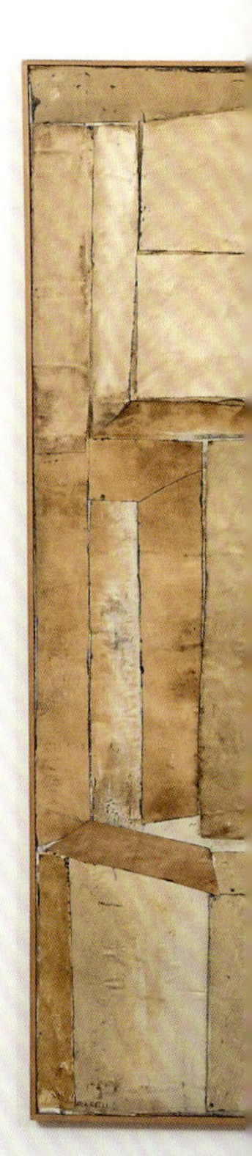

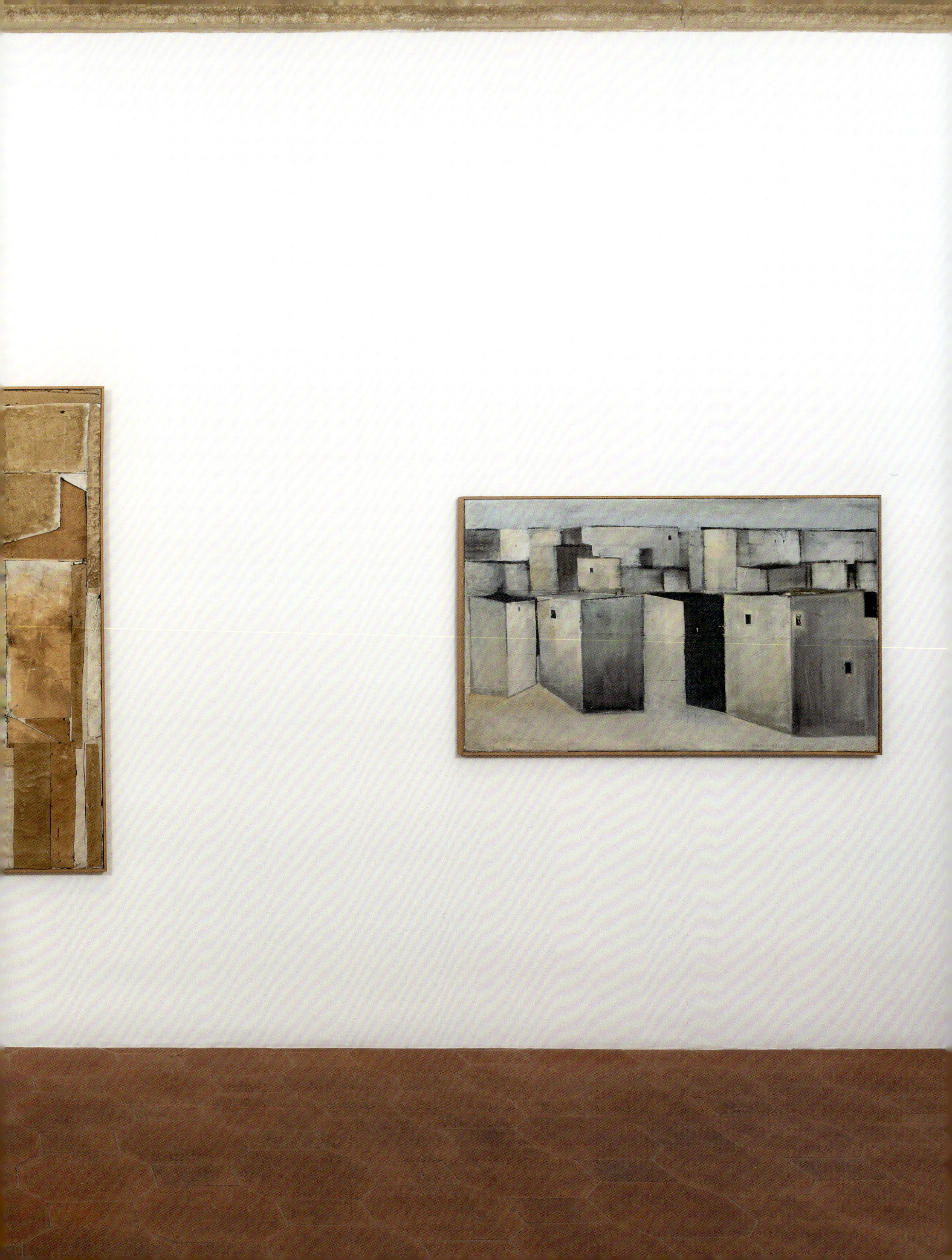

03   *Cityscape*, 1952 circa
      93 x 156.5 cm

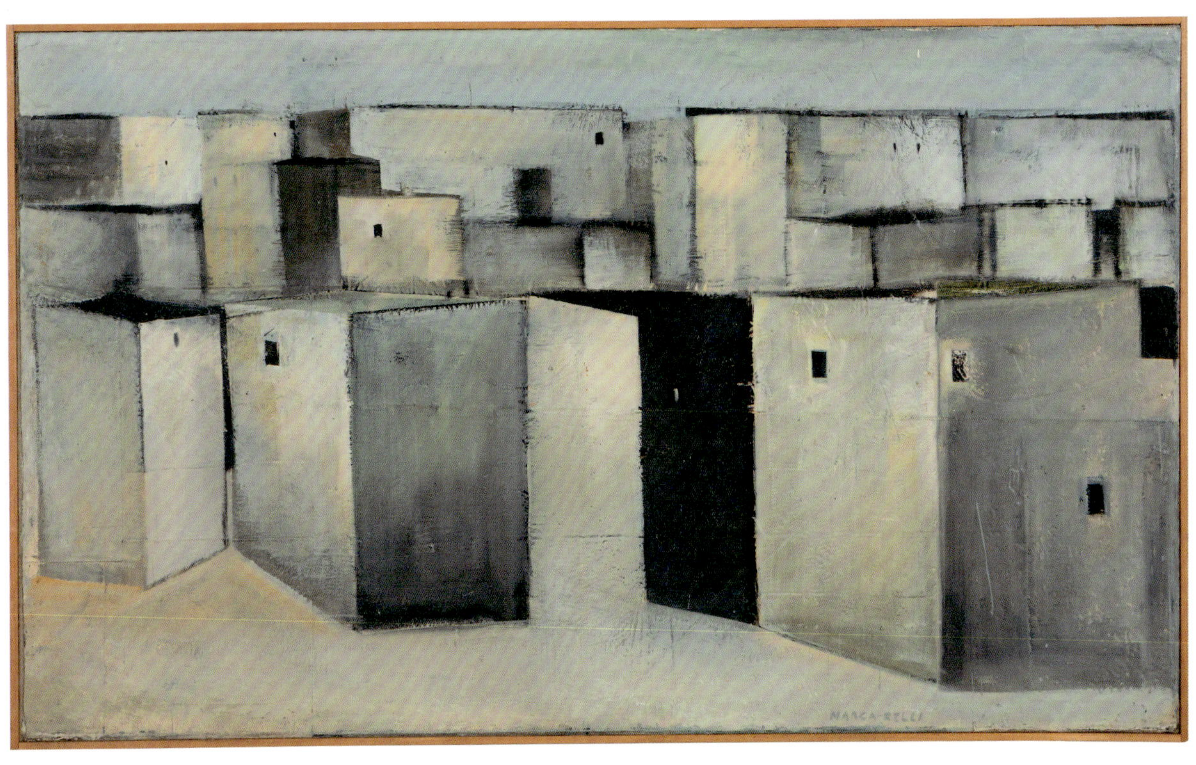

04   *Cityscape*, 1953
92 x 135 cm

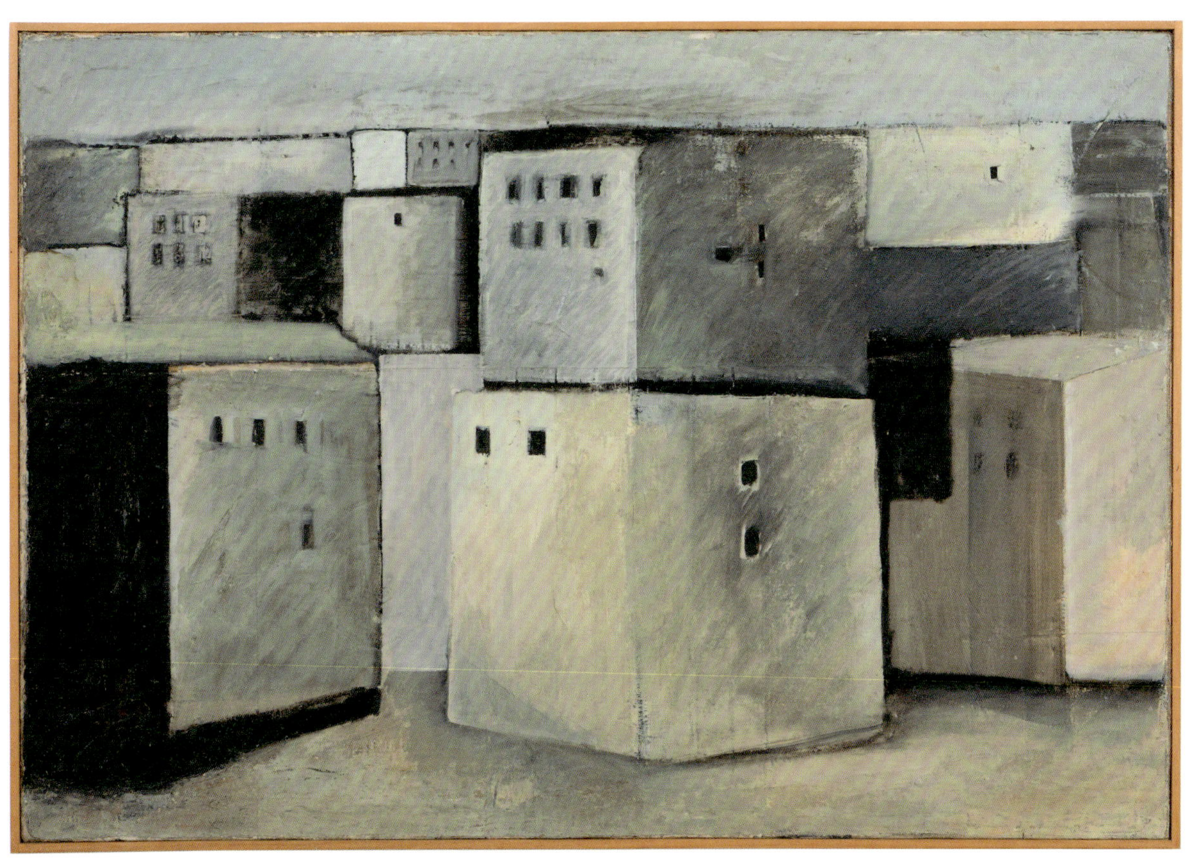

05   *"Ora" Seated Figure*, 1953
      34.5 x 30 cm

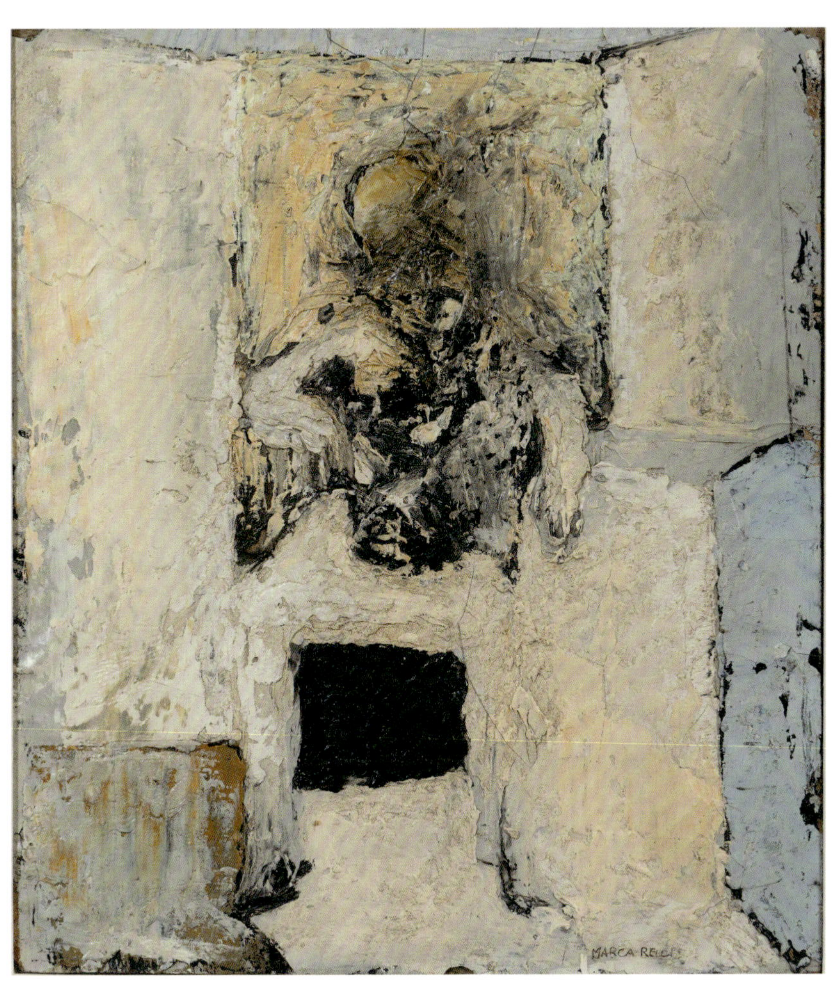

06   *L-54-9 The Vestibule*, 1954
175.5 x 93 cm

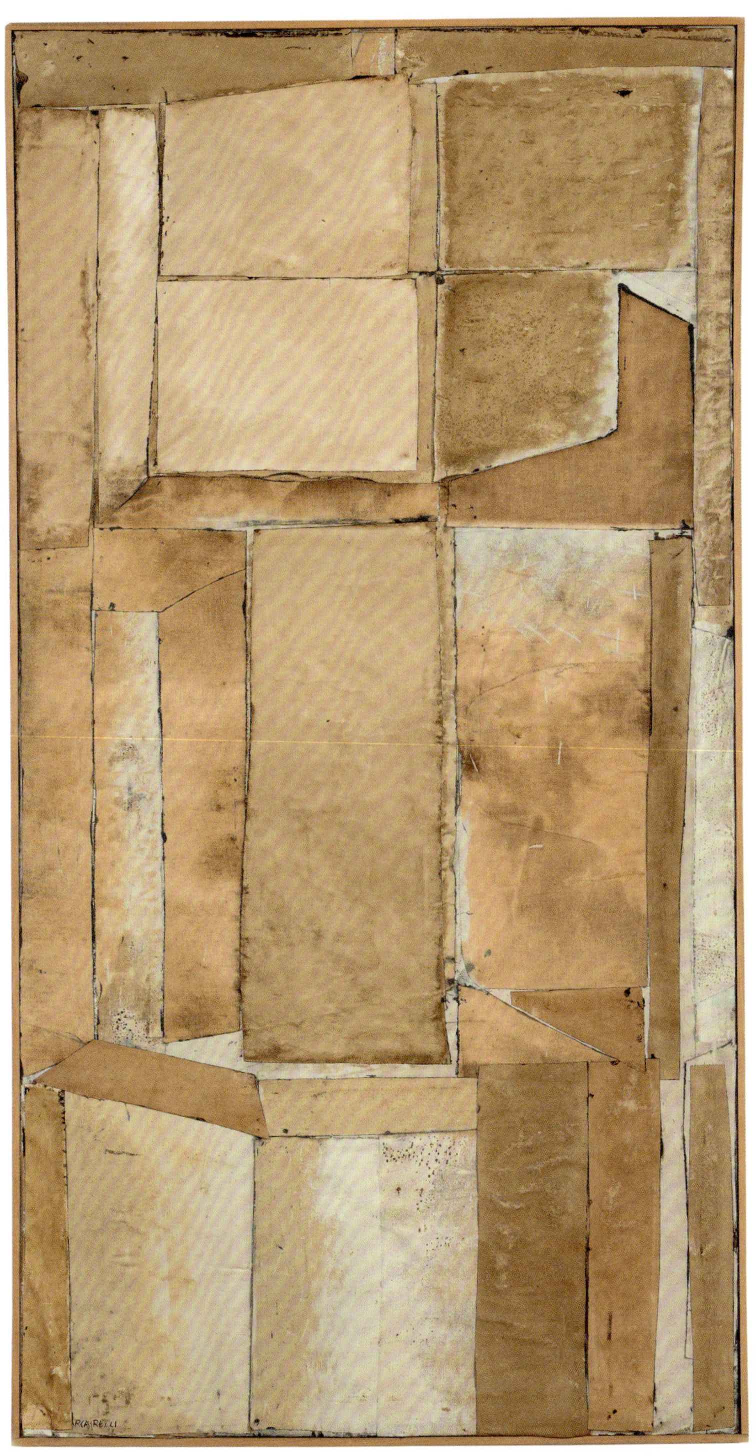
SCARPELLI

07   *XM-3-54*, 1954
      120 x 90 cm

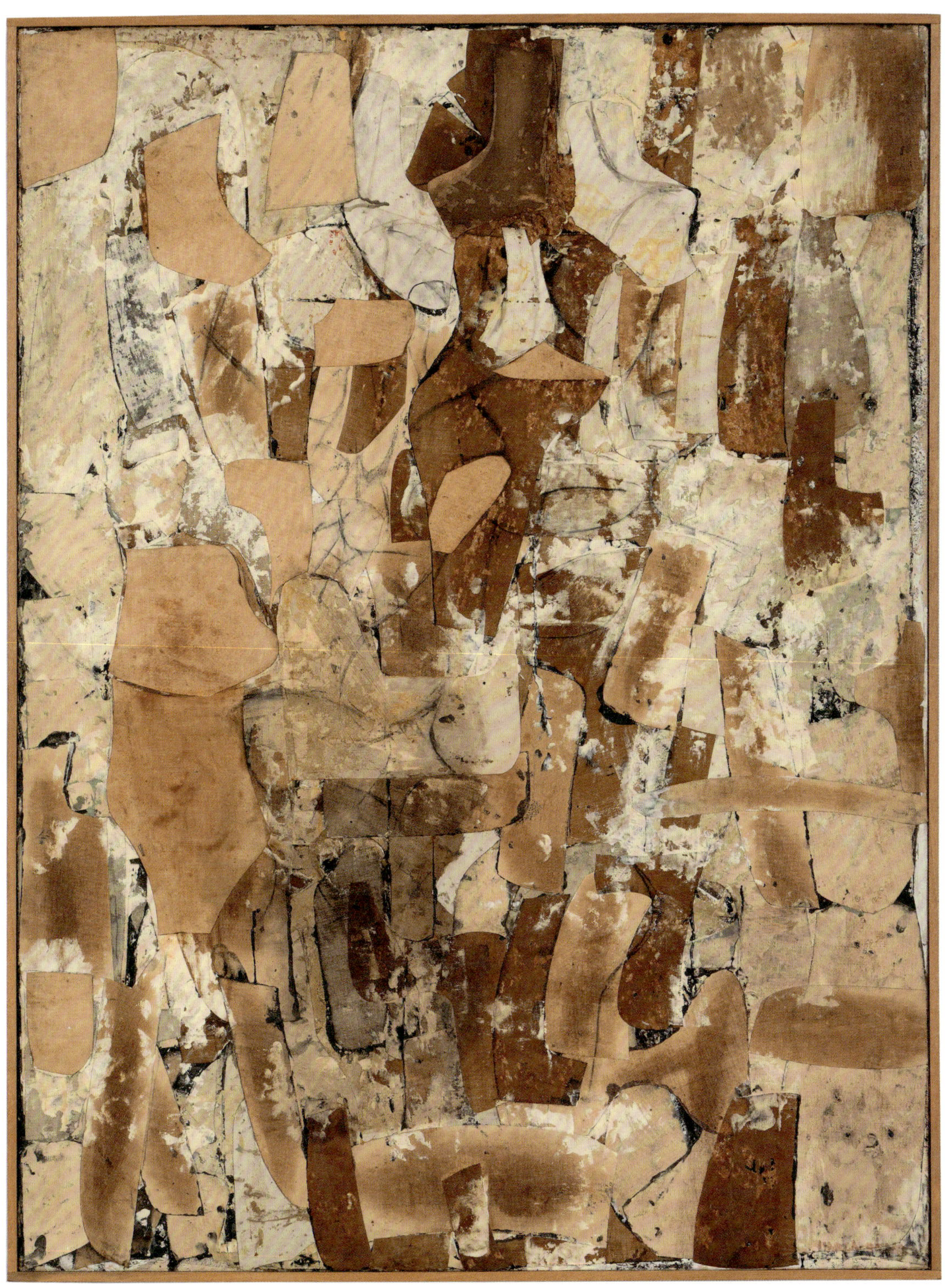

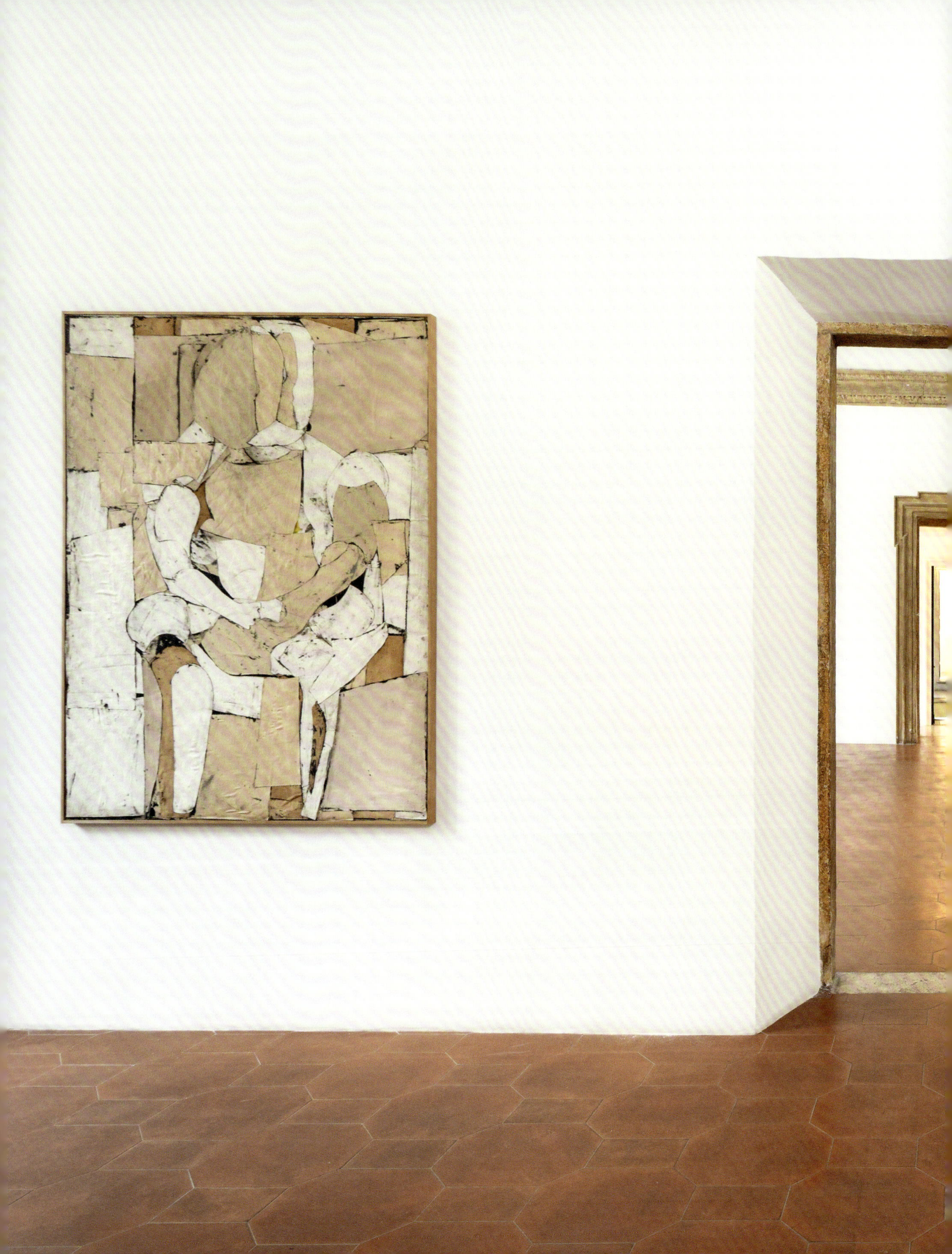

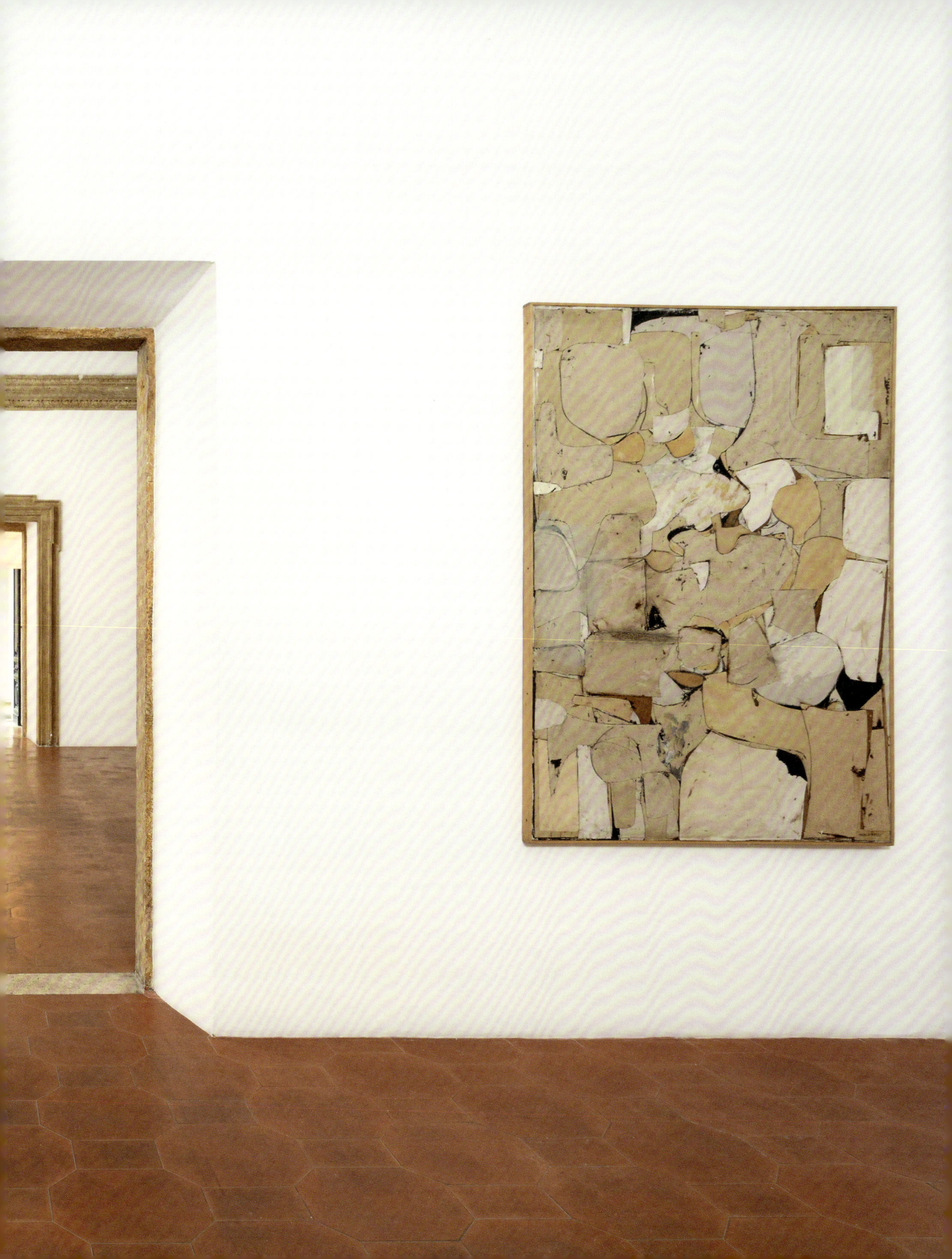

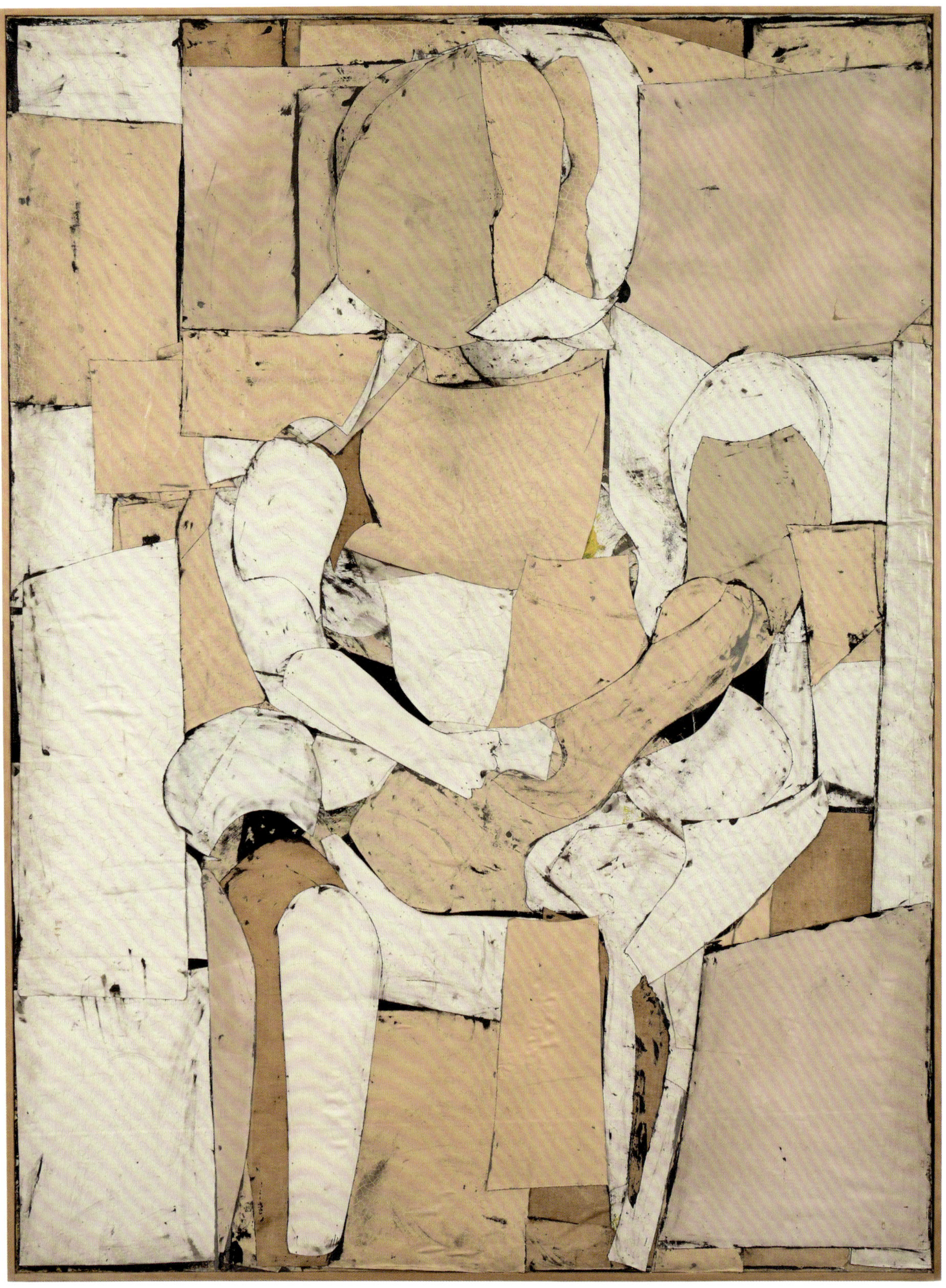

08   *Untitled*, 1954
167 x 128 cm

Retrospettiva al Whitney Museum of American Art, New York, 1967
Retrospective exhibition at the Whitney Museum of American Art, New York, 1967

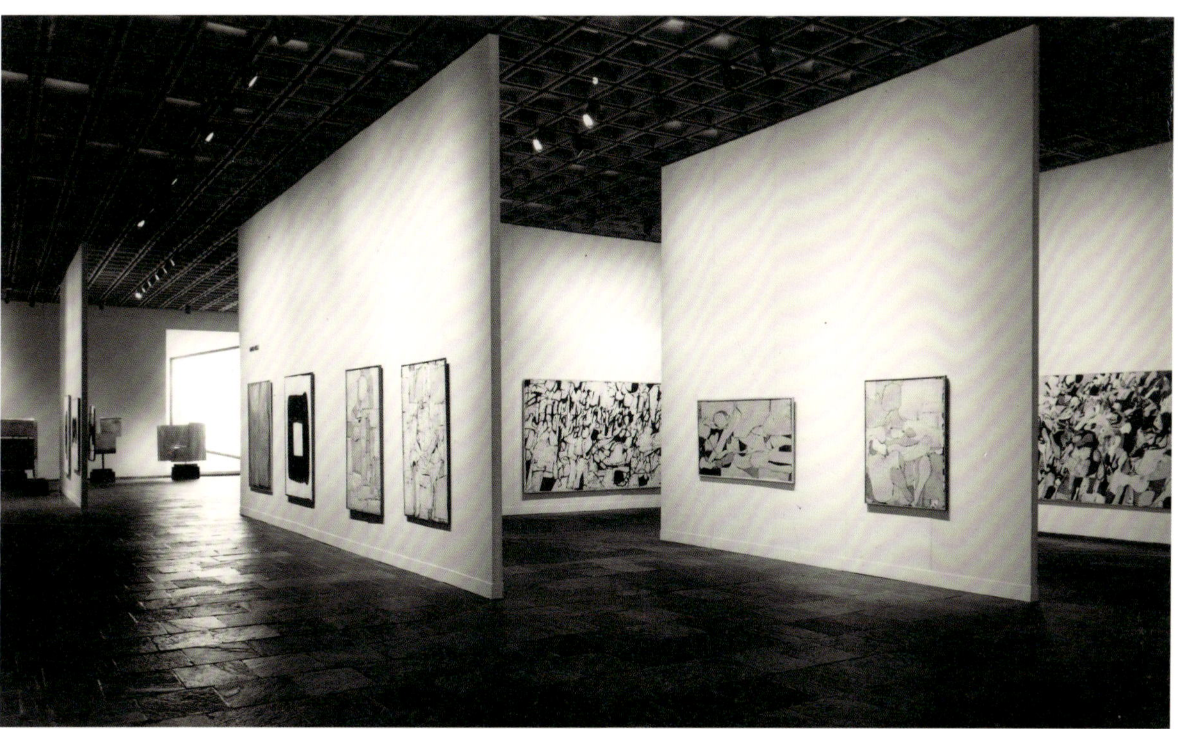

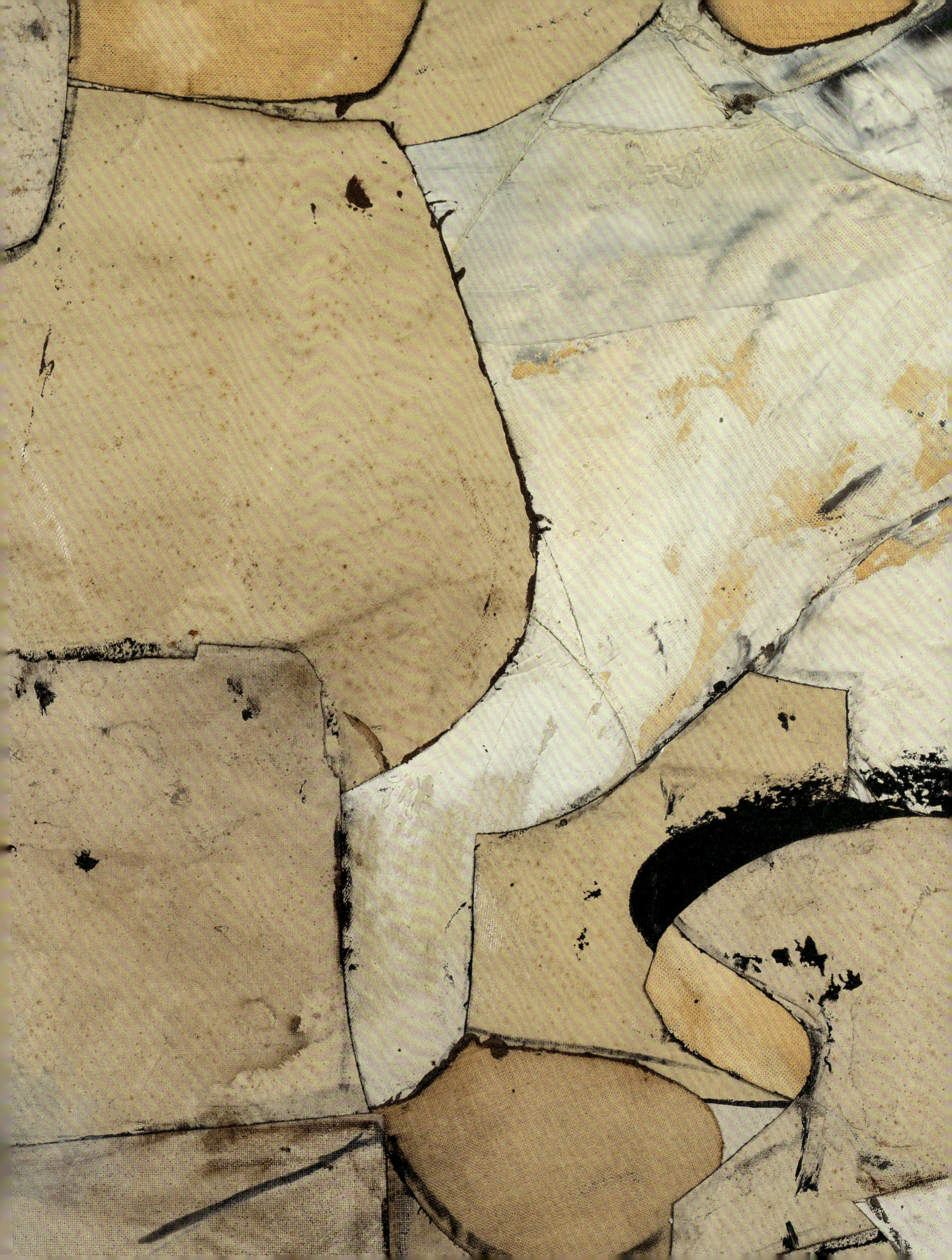

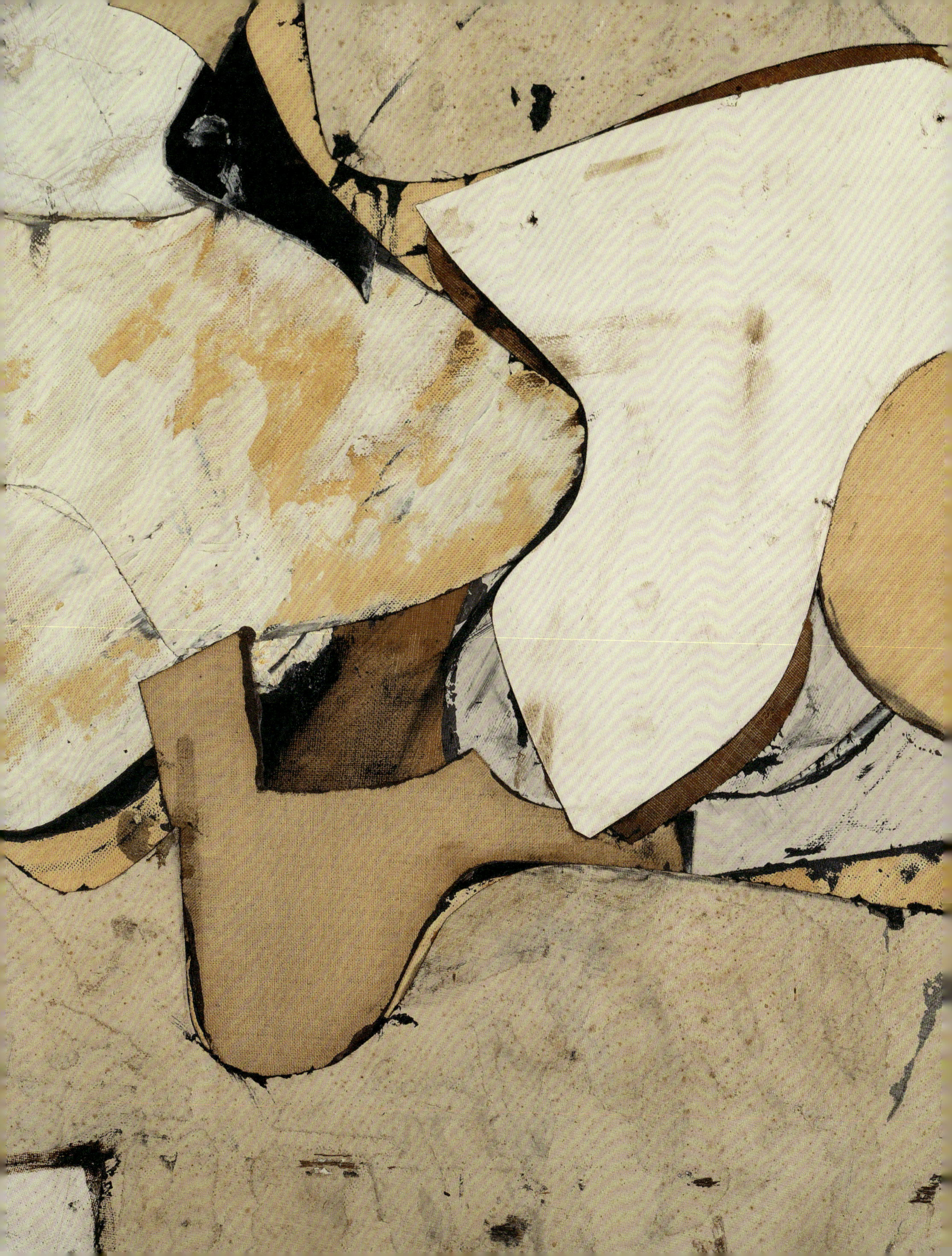

09   *L-LA-55 The Strategist*, 1955
178 x 125 cm

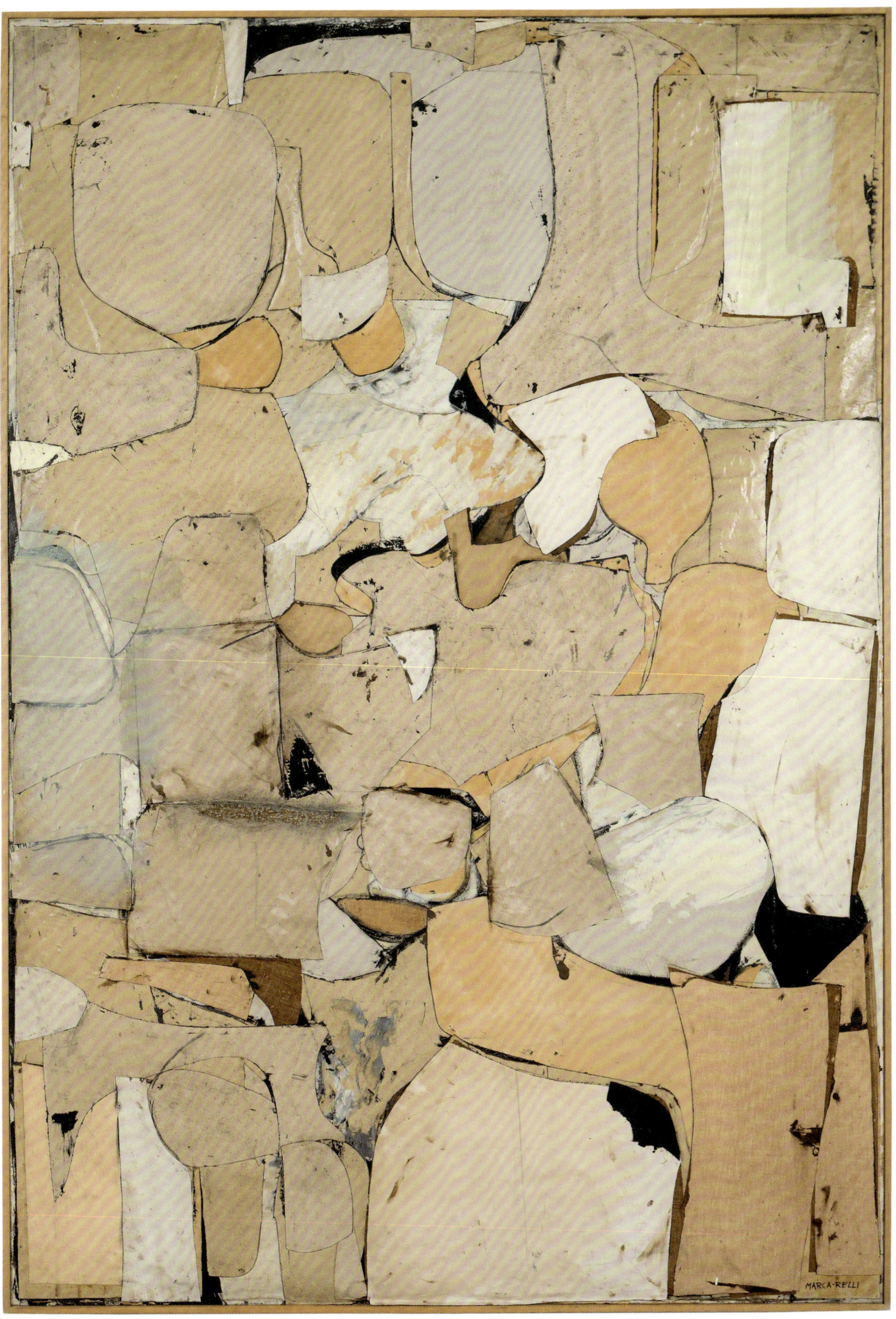
MARCA-RELLI

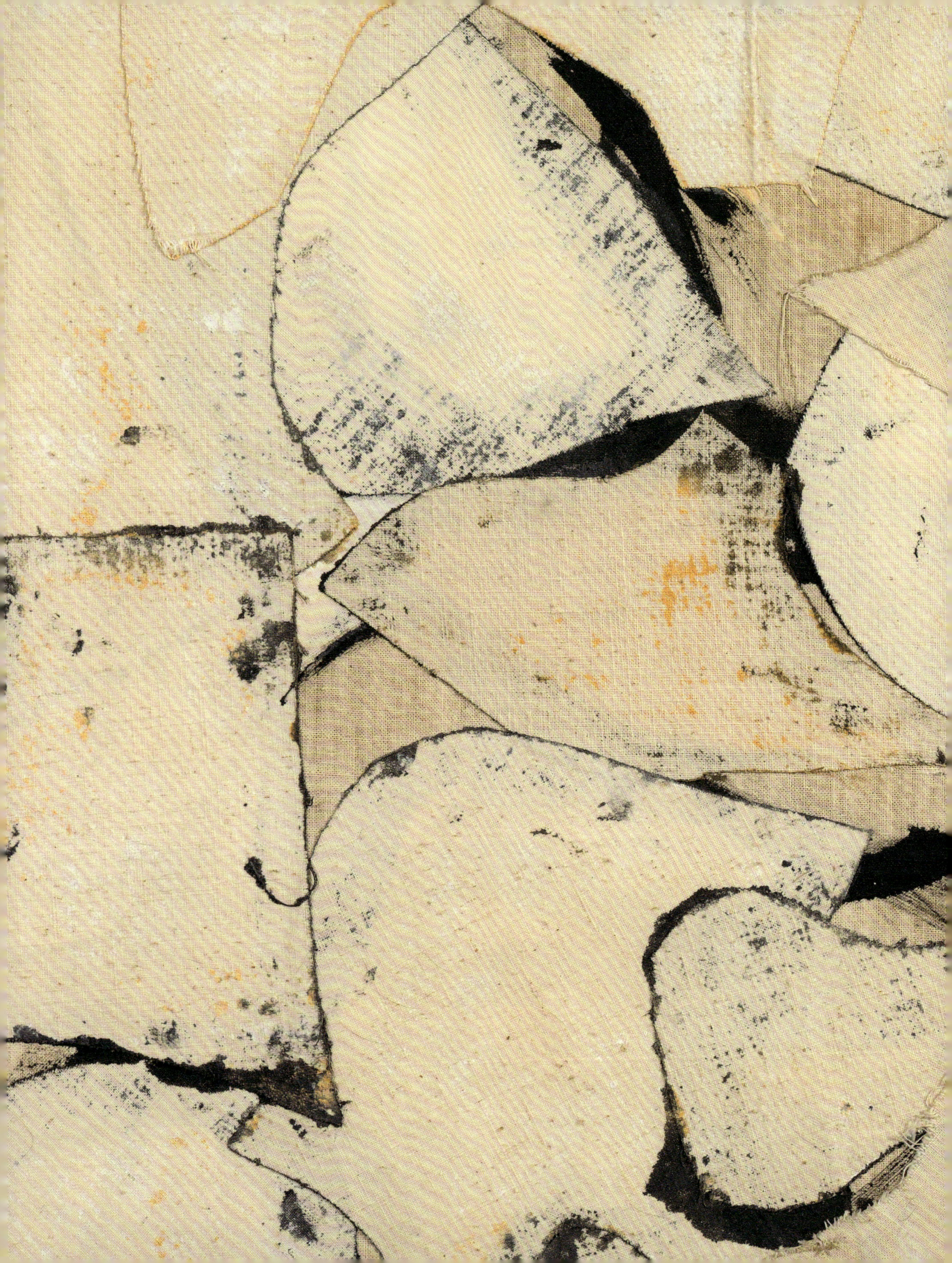

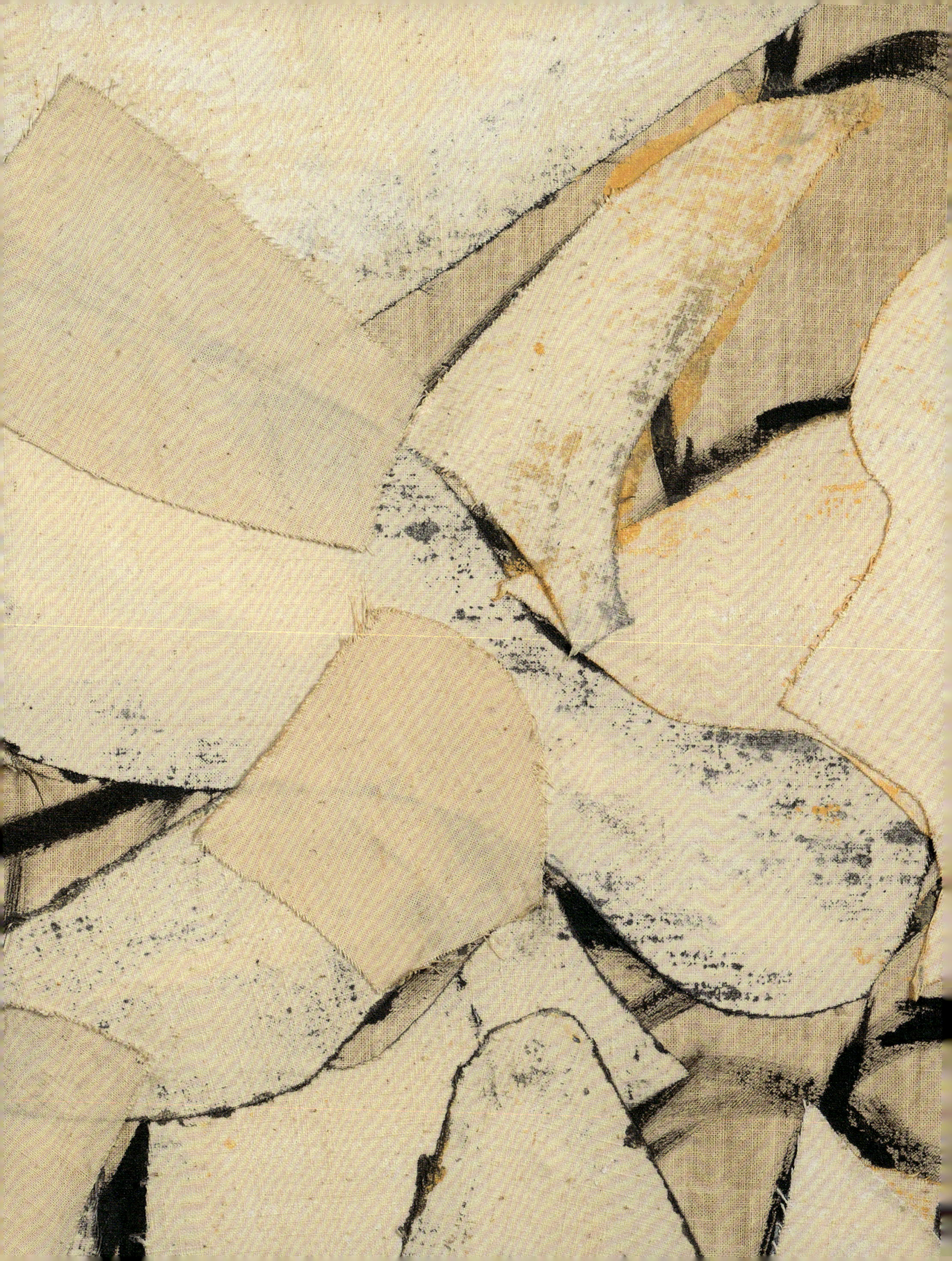

10   *Untitled*, 1955
      92 x 80 cm

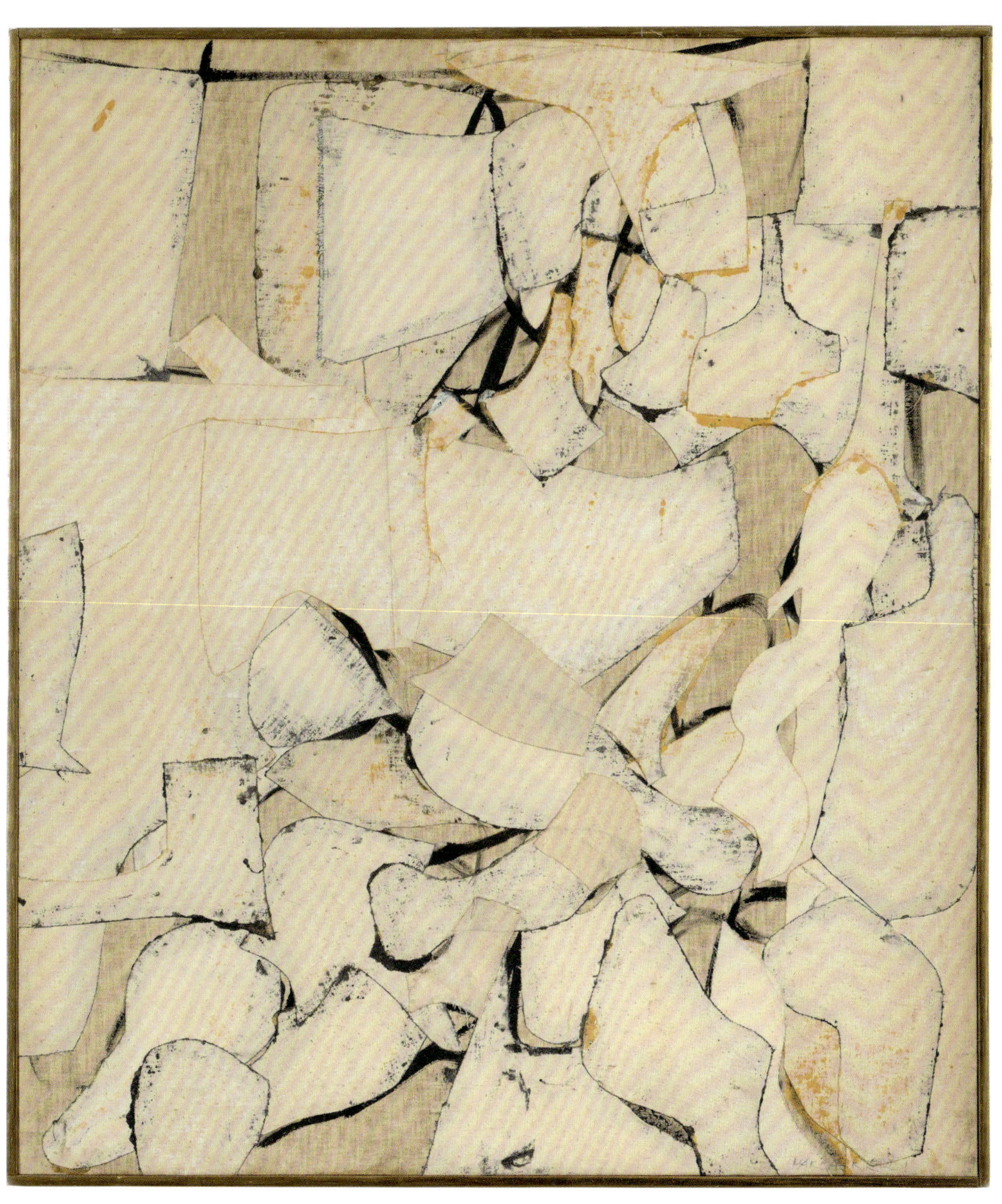

11   *Seated Figure*, 1956
52.5 x 45.5 cm

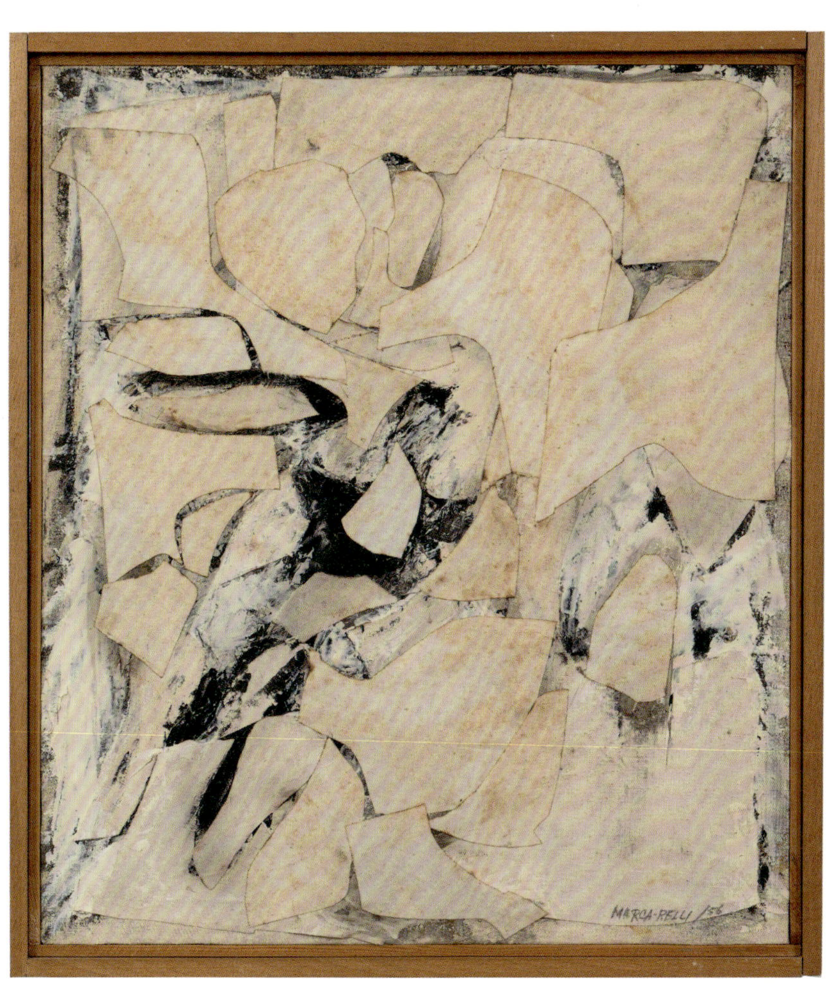

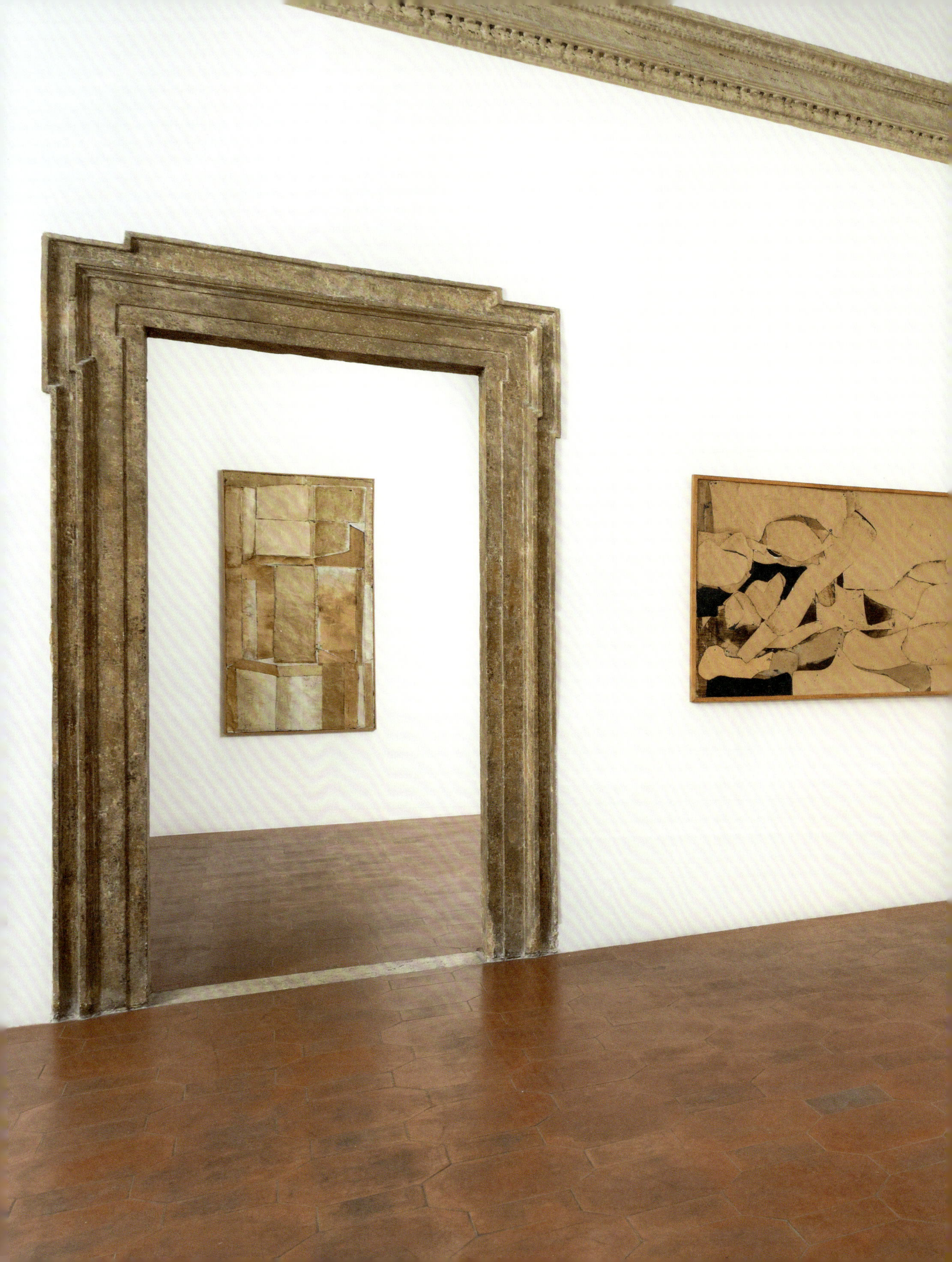

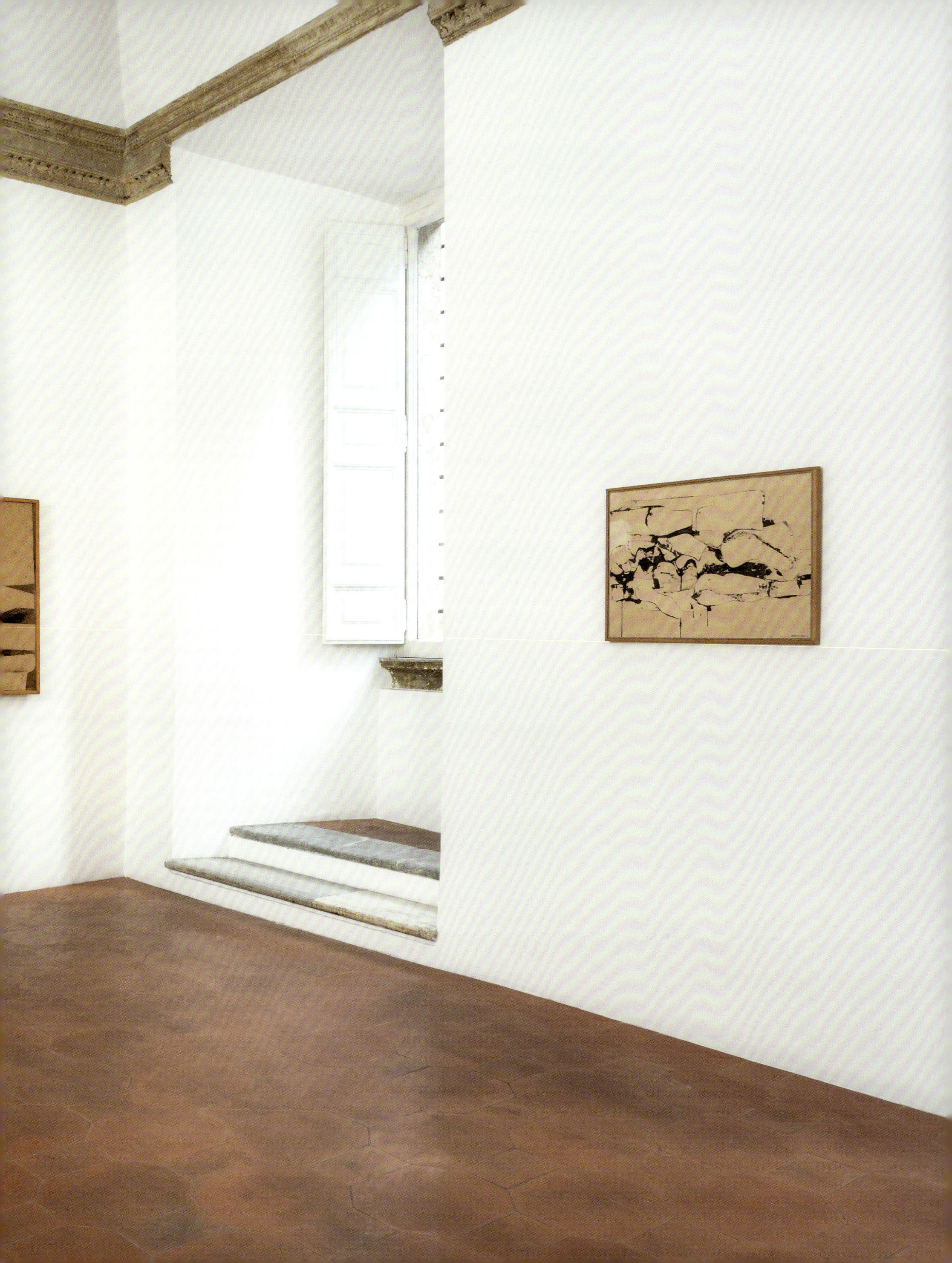

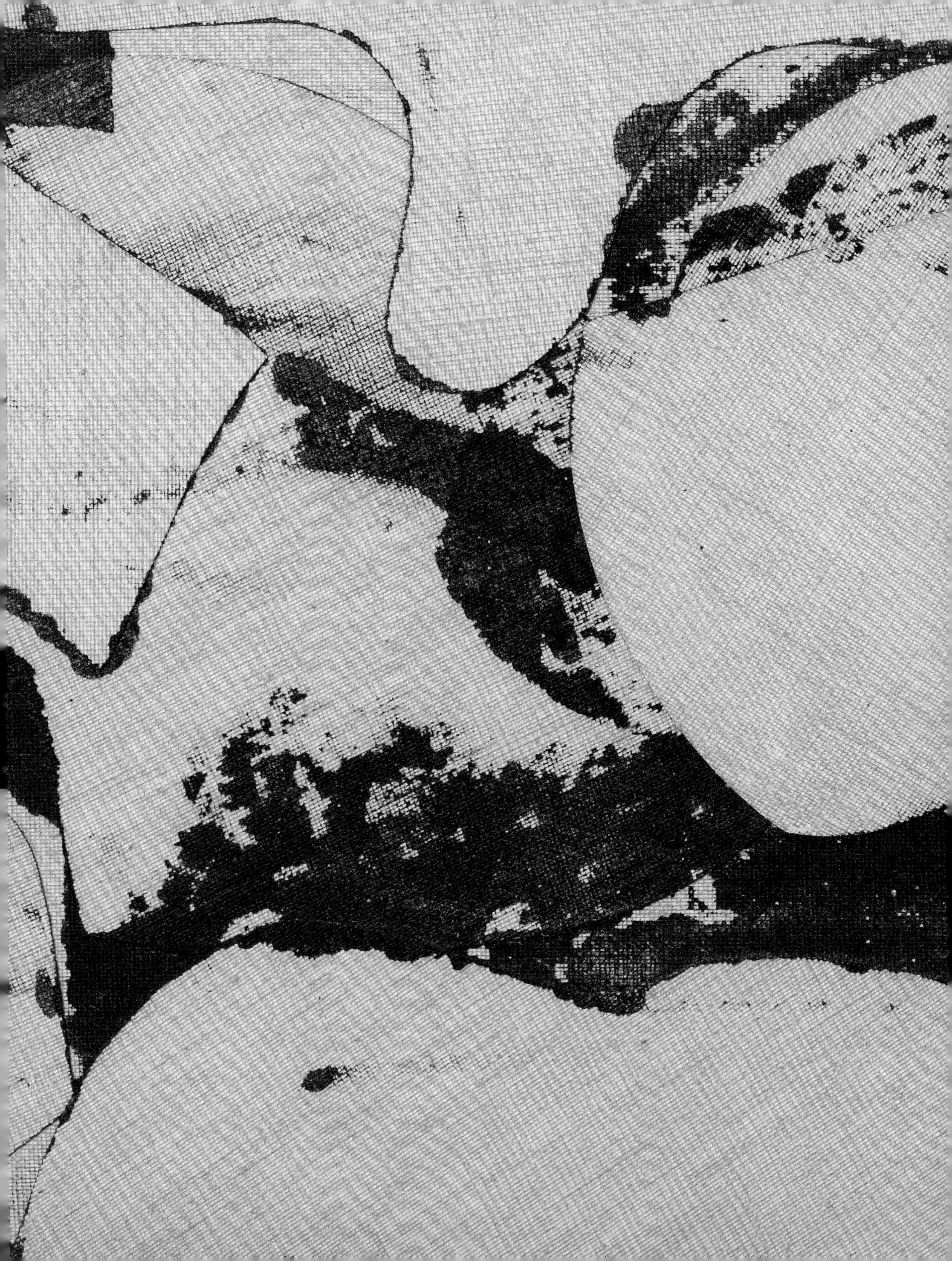

12   *N-7-55*, 1955
     51.5 x 67.5 cm

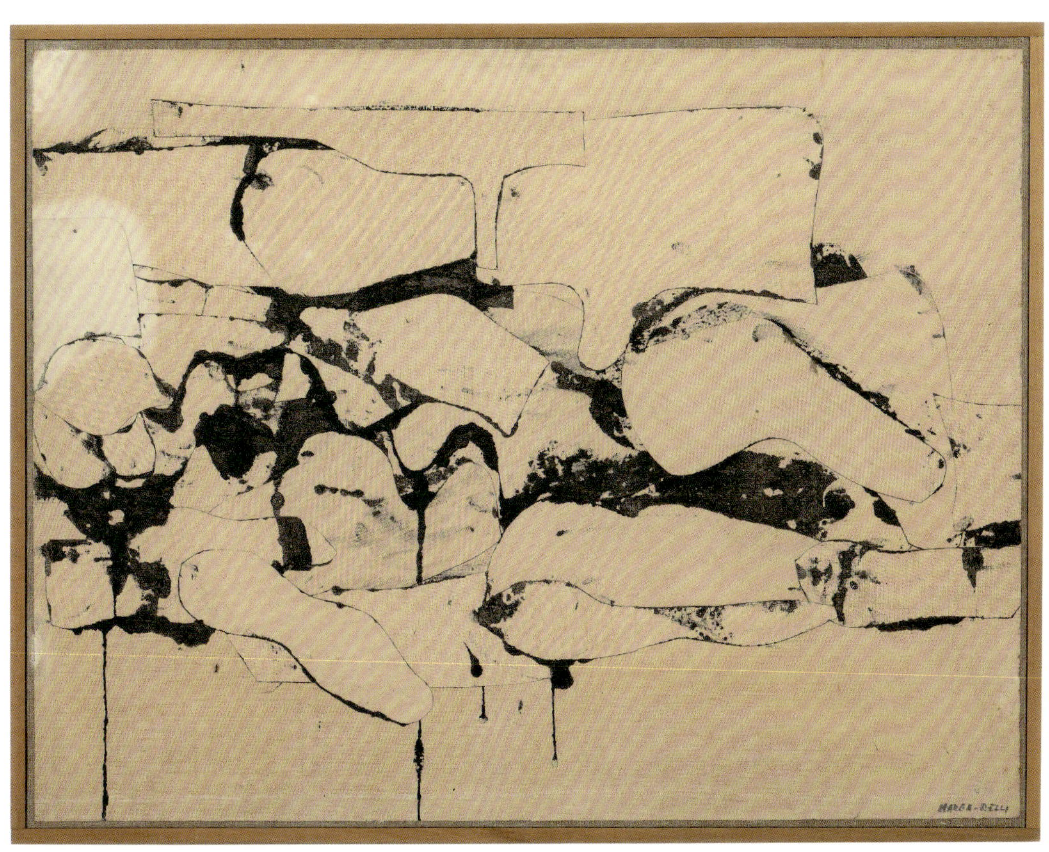

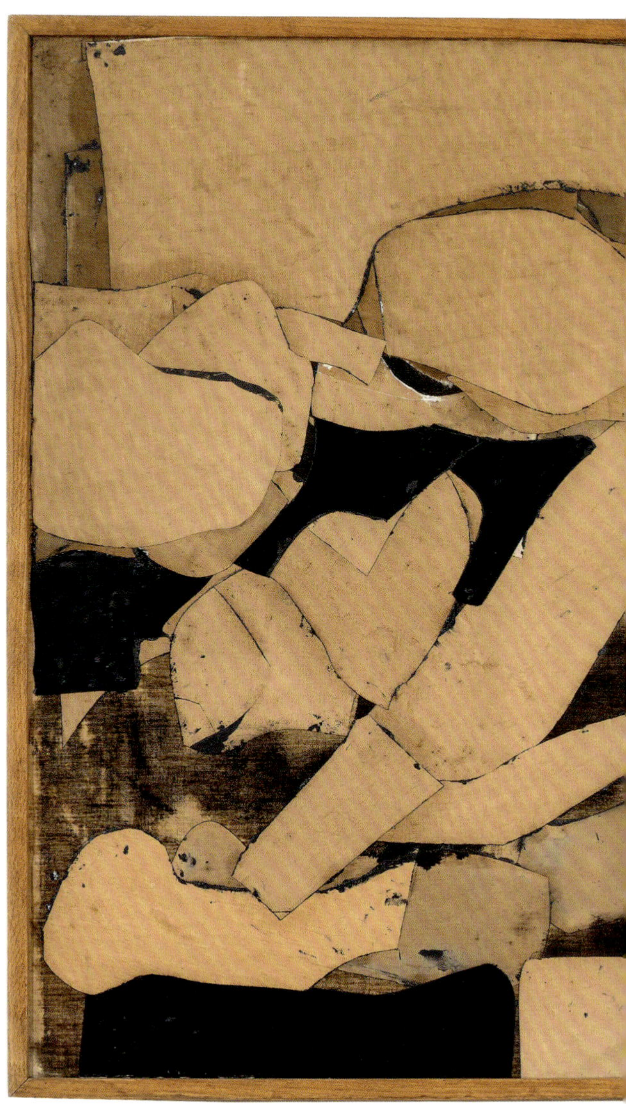

Conrad Marca-Relli nel suo studio, East Hampton, 1955
Conrad Marca-Relli in his studio, East Hampton, 1955

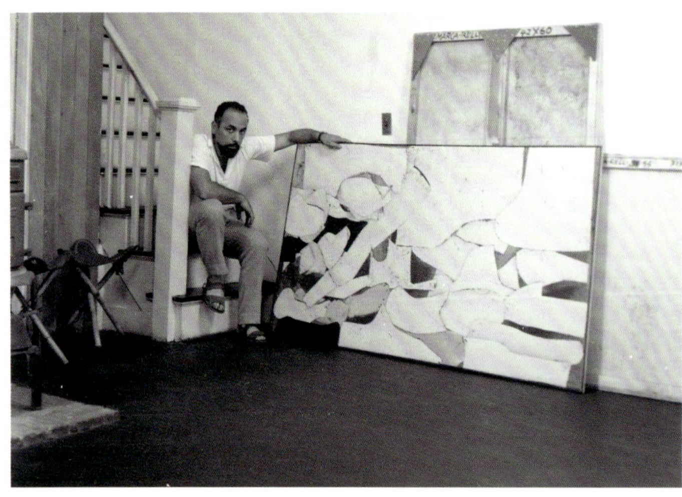

Conrad Marca-Relli nel suo studio, East Hampton, 1955
Conrad Marca-Relli in his studio, East Hampton, 1955

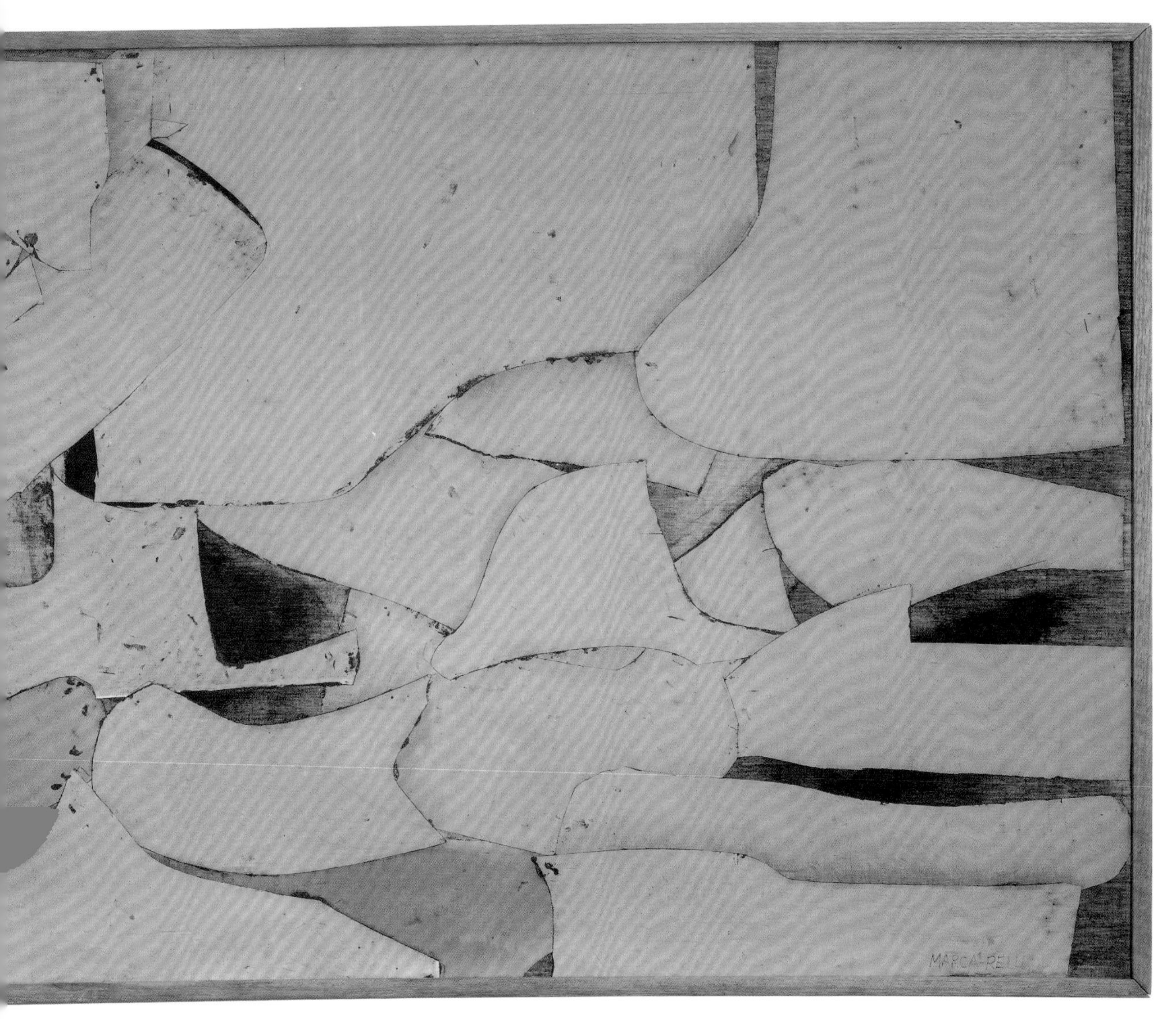

13   *The Struggle*, 1955
98.5 x 183 cm

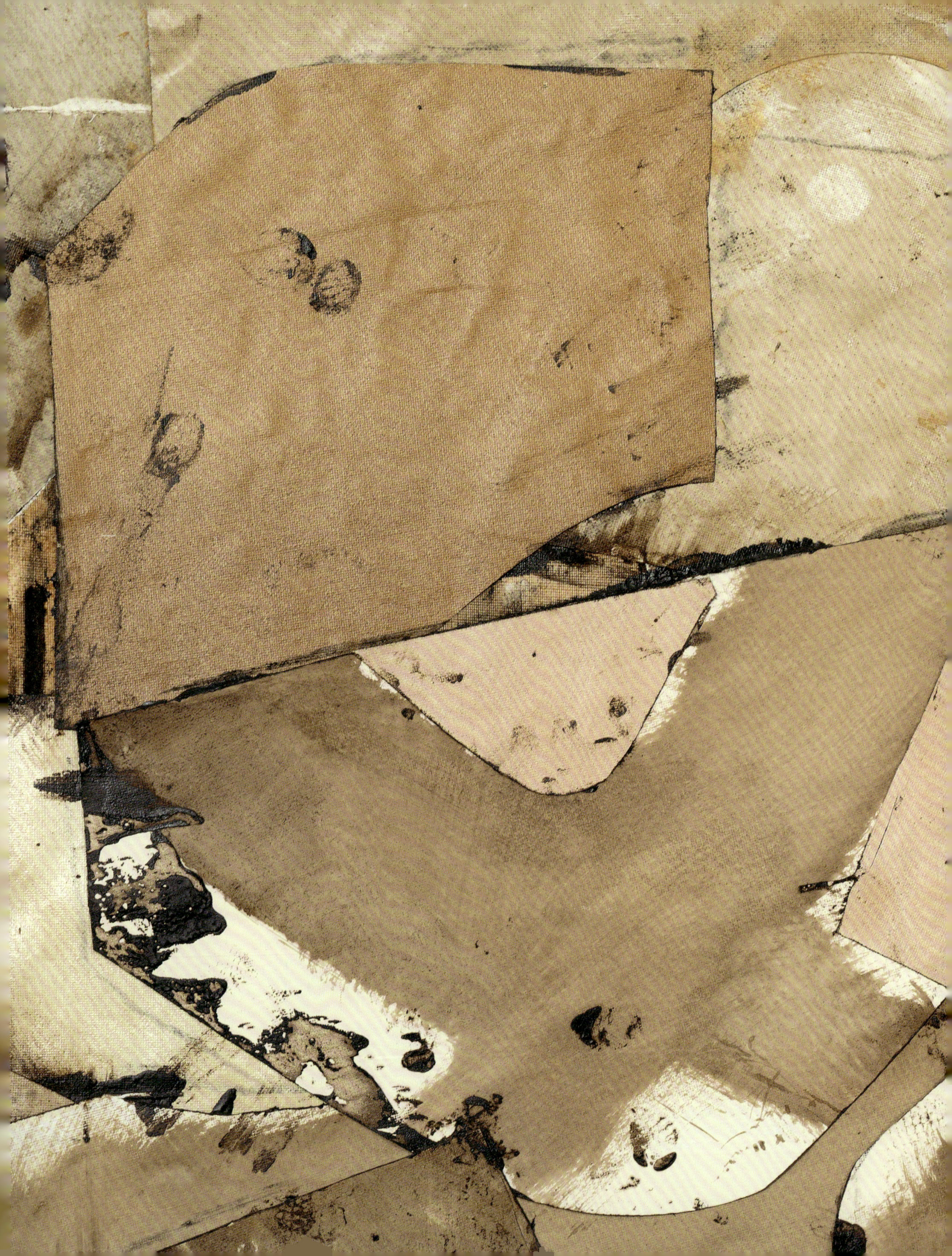

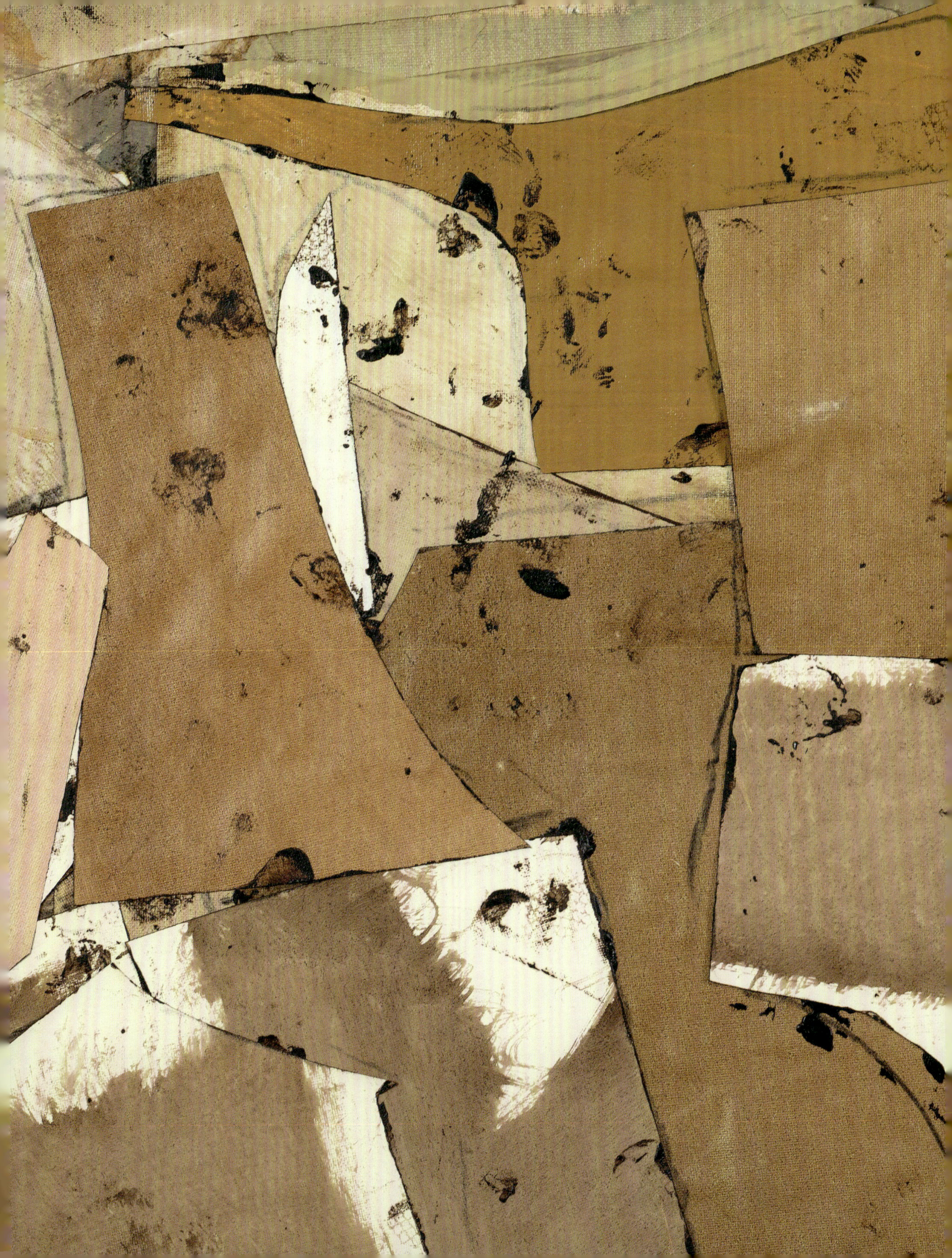

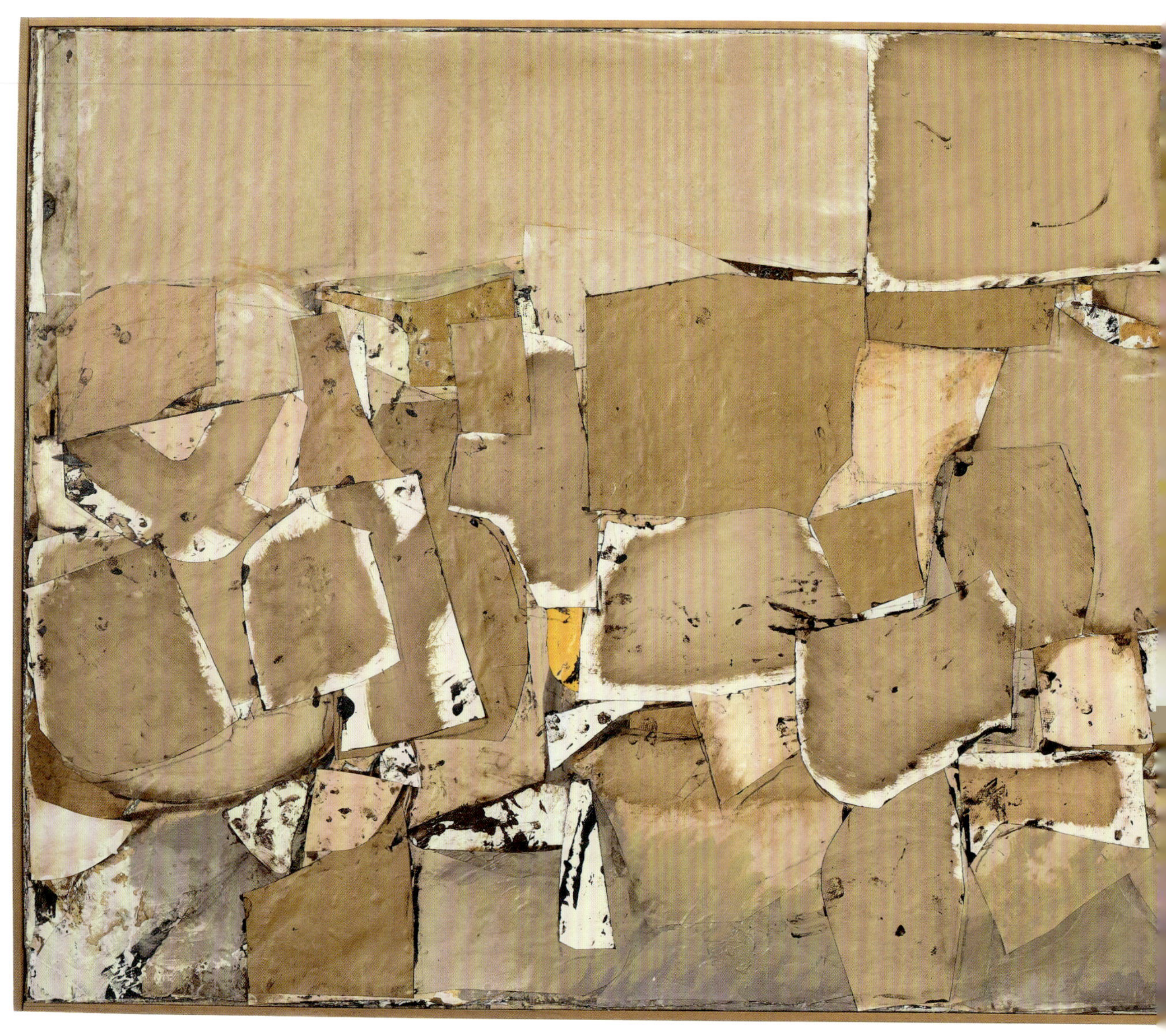

14   *L-8-56 Death of Jackson Pollock*, 1956
111 x 224 cm

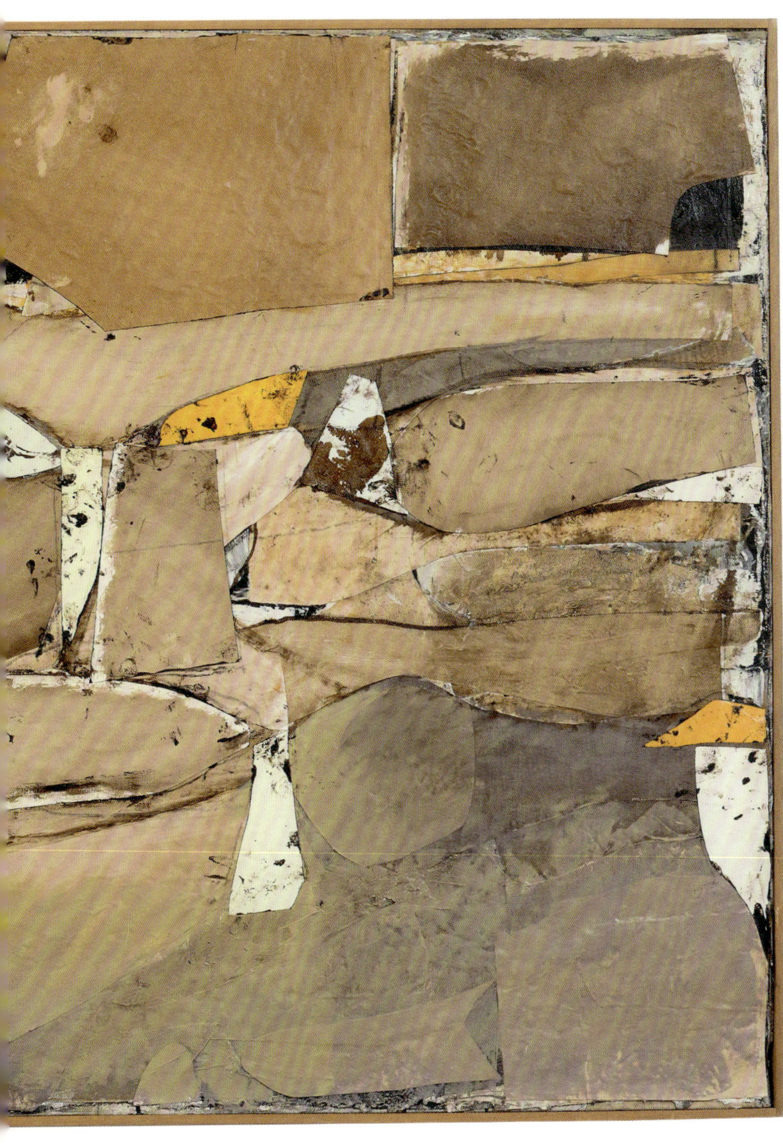

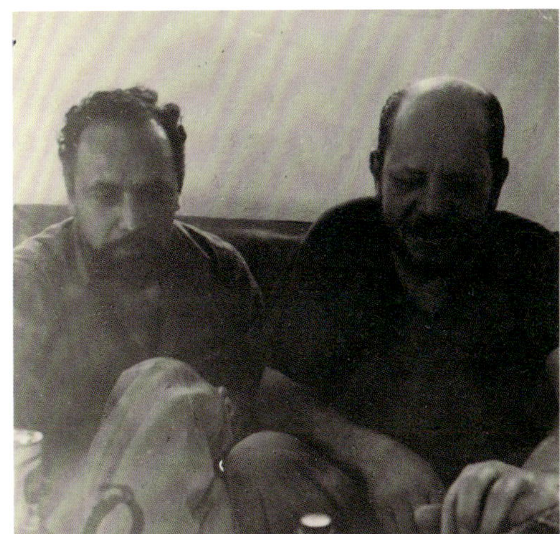

Conrad Marca-Relli e Jackson Pollock,
East Hampton, 1955, foto di Selden Rodman
Conrad Marca-Relli and Jackson Pollock,
East Hampton, 1955, photo by Selden Rodman

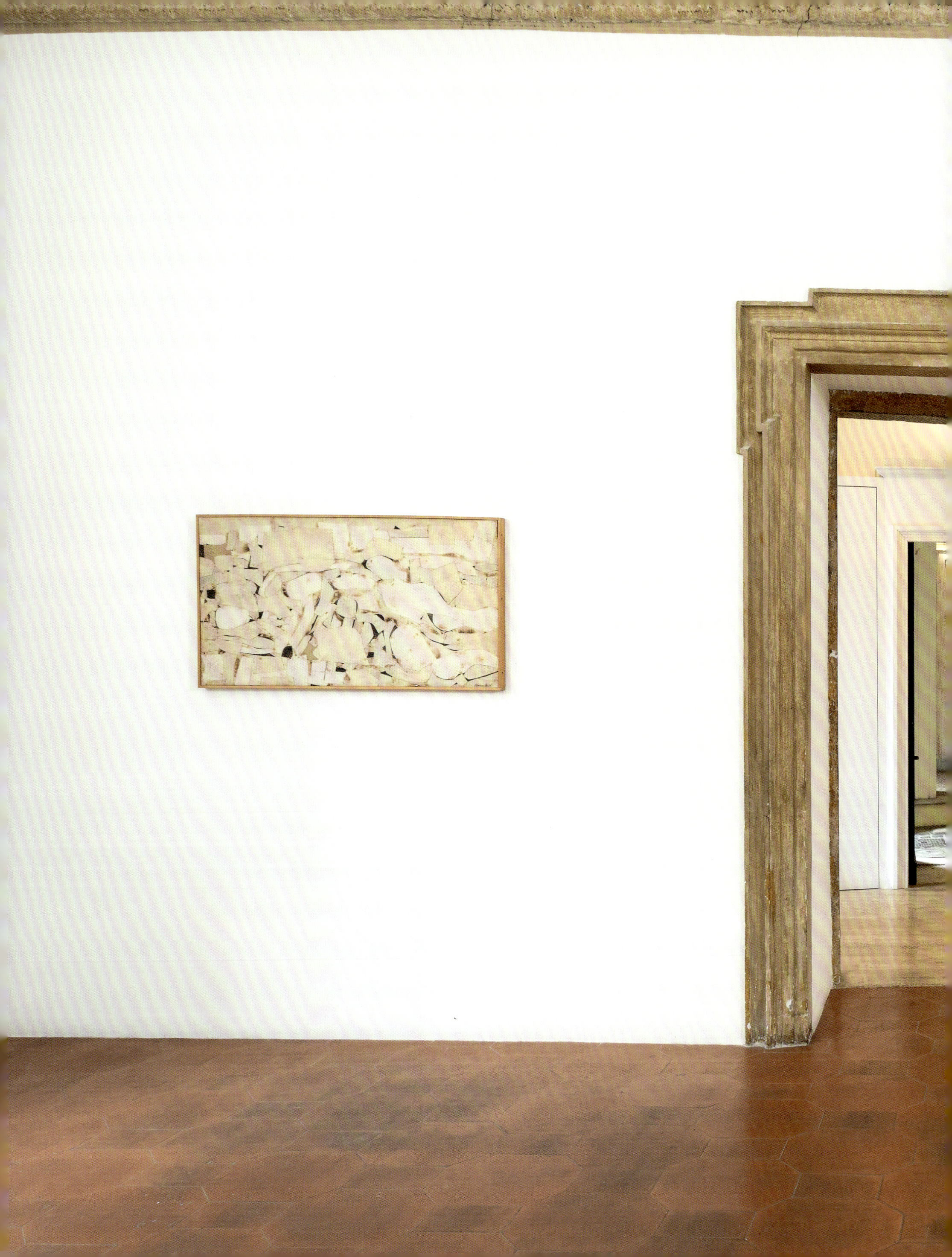

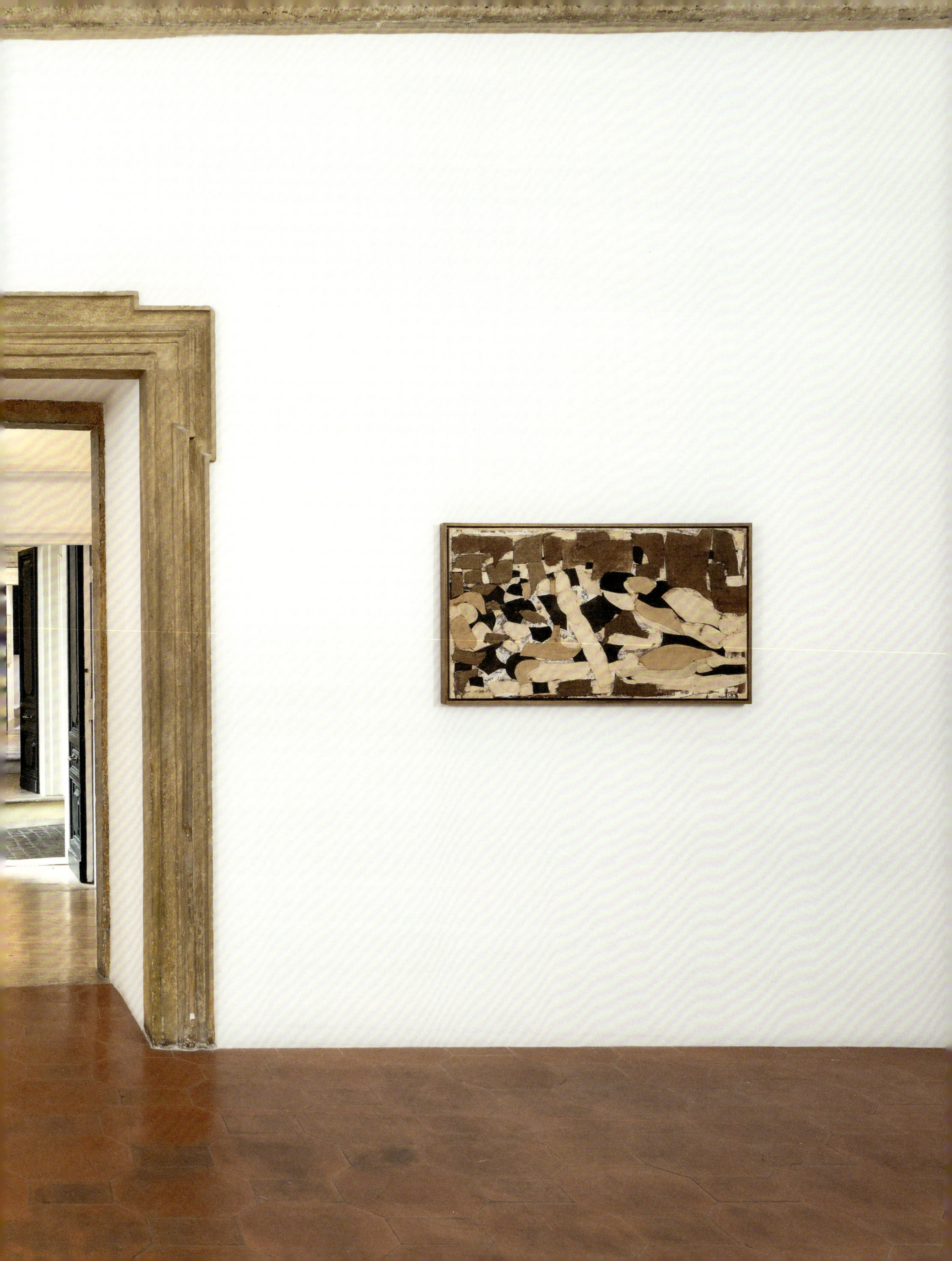

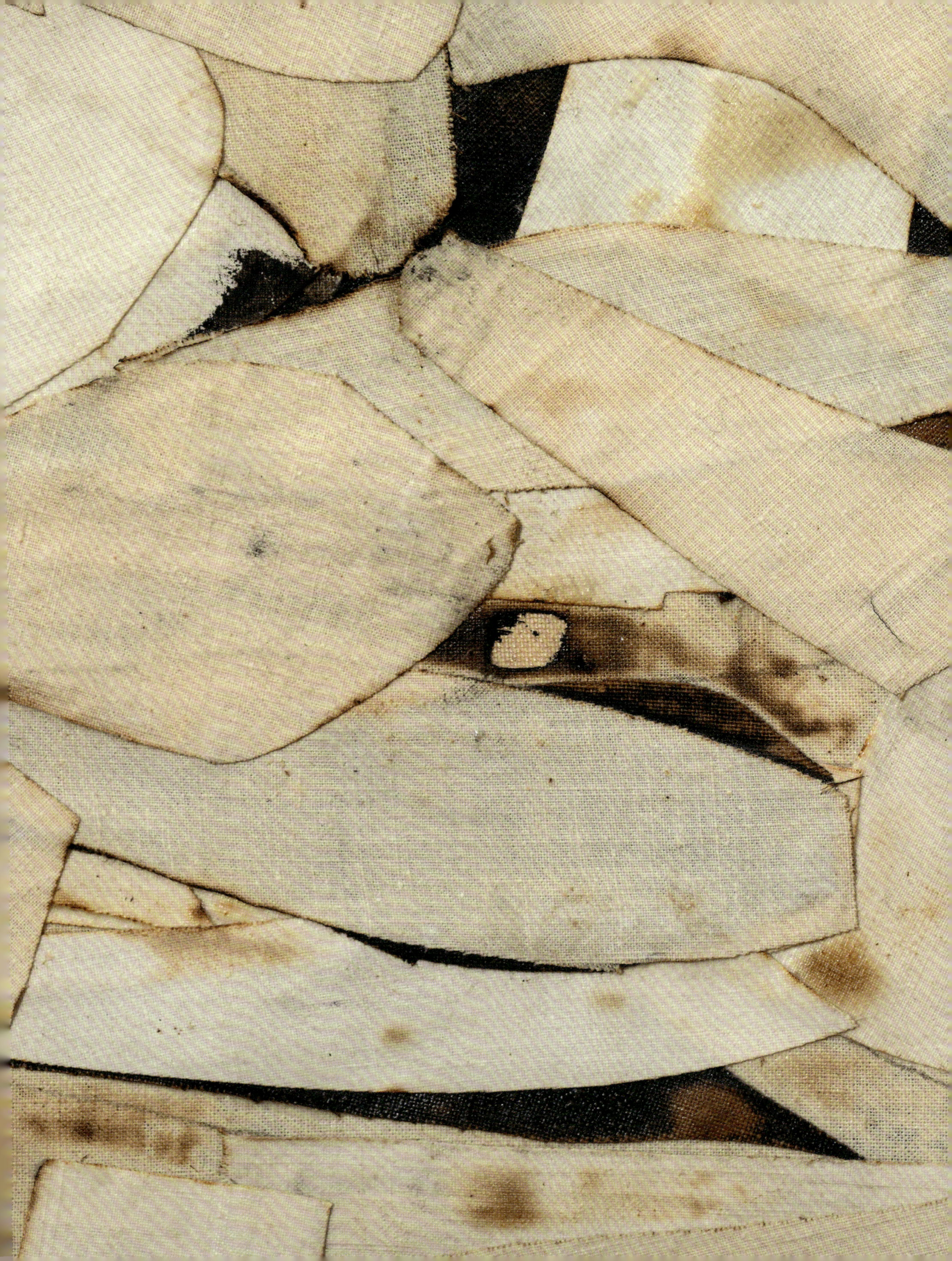

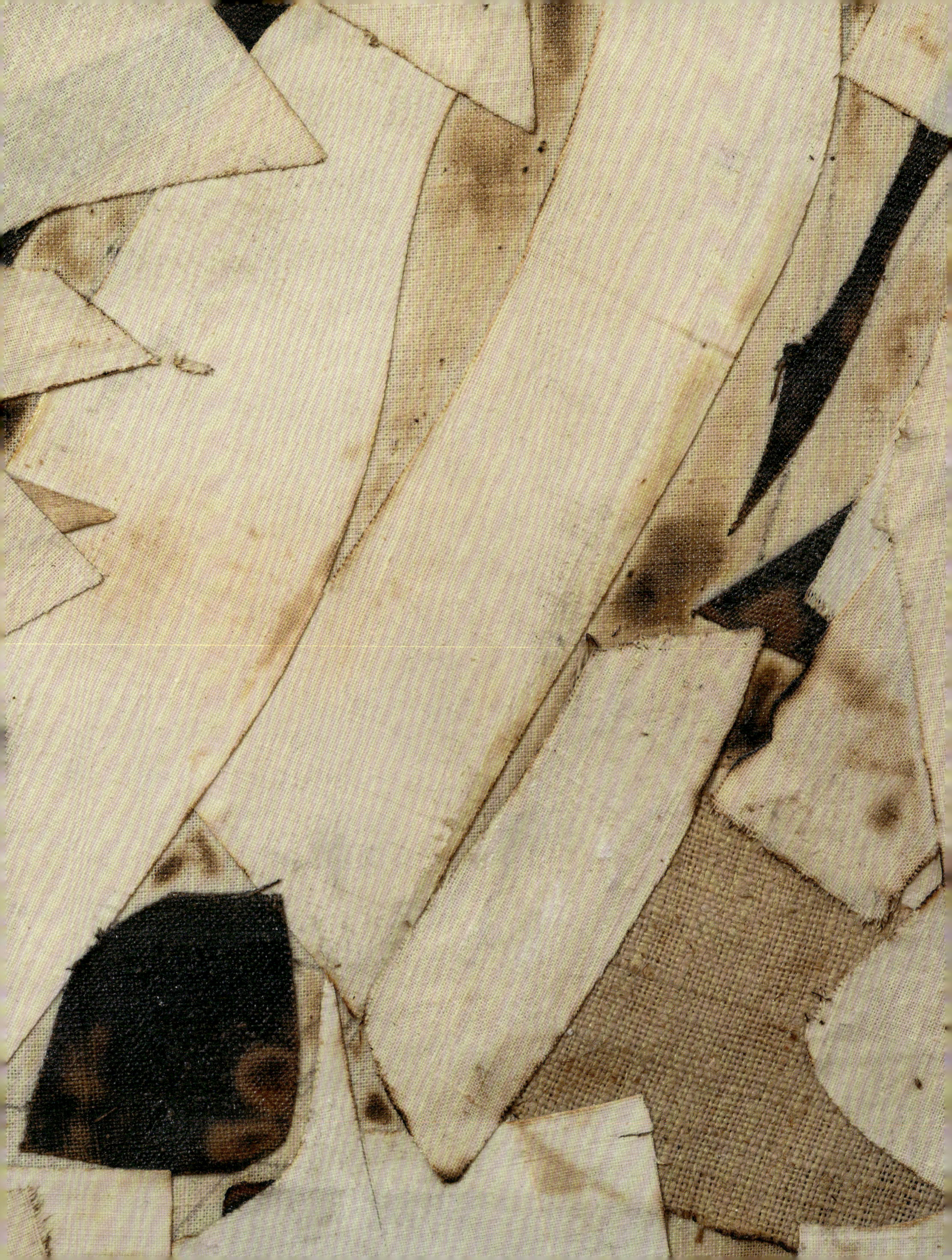

15   *M-11-56*, 1956
      61 x 115 cm

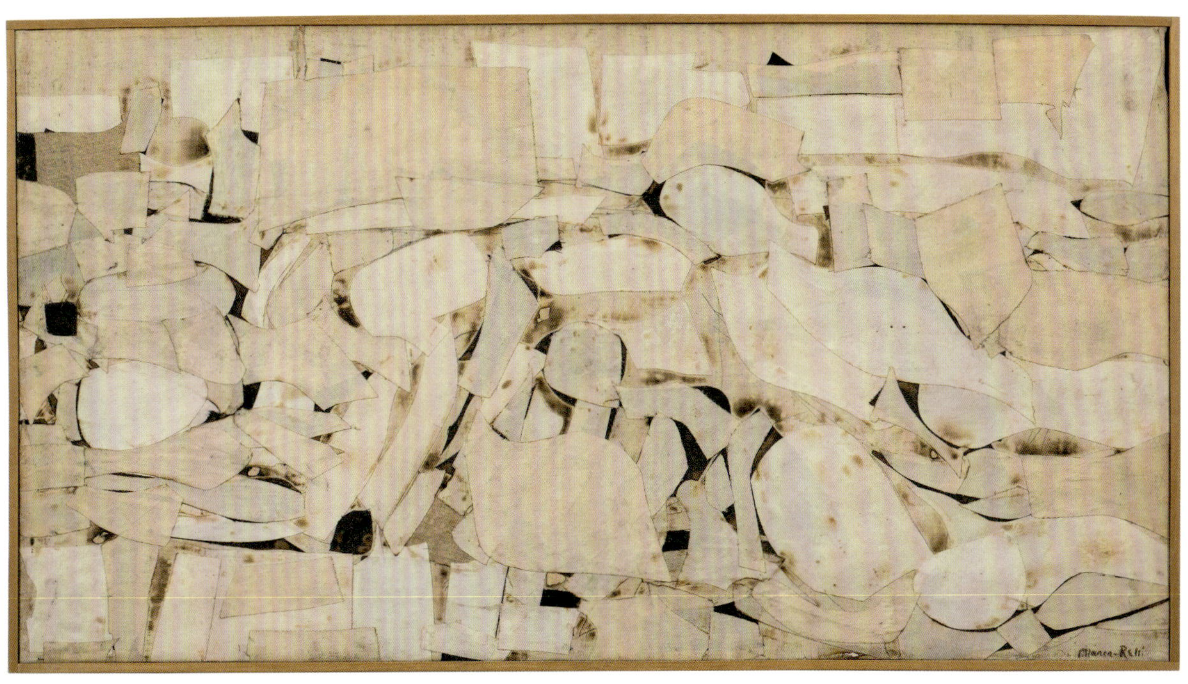

16   *"Reclining Figure #2" M-4-56*, 1956
61.9 x 112.5 cm

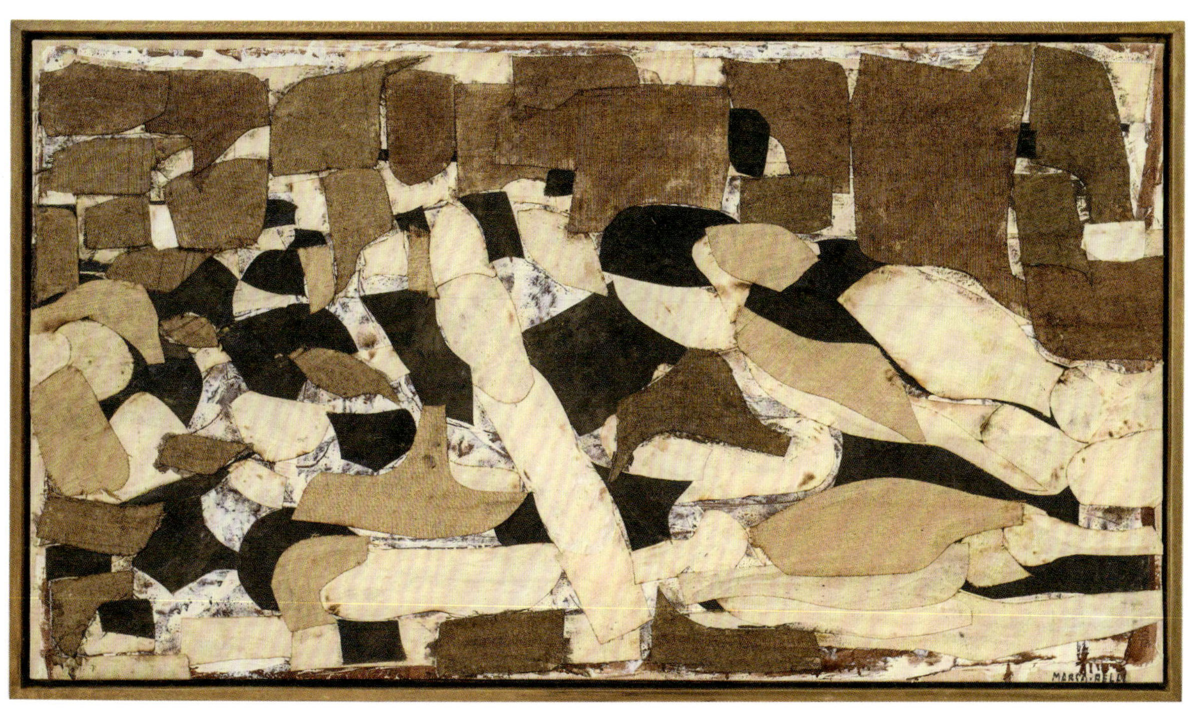

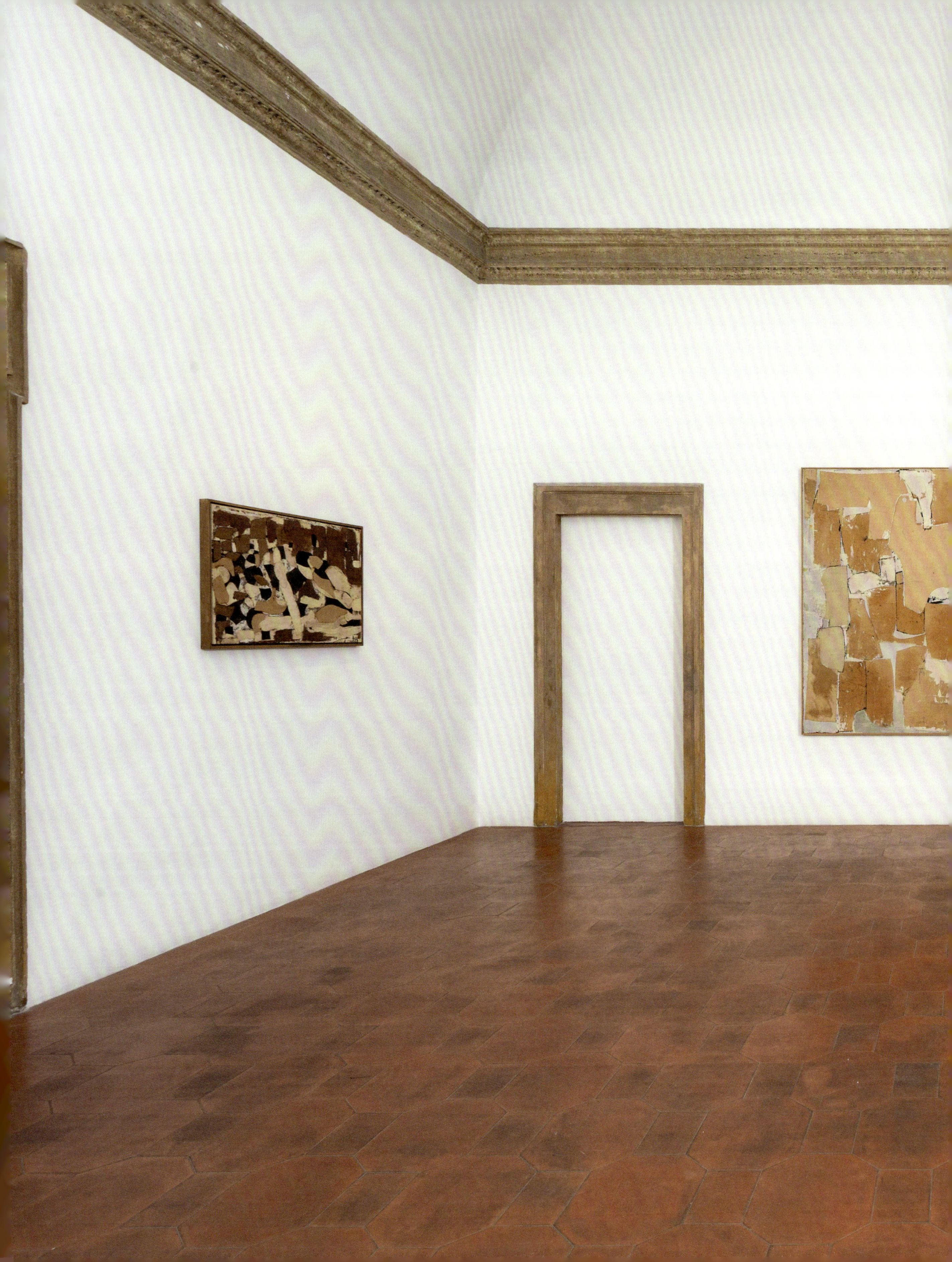

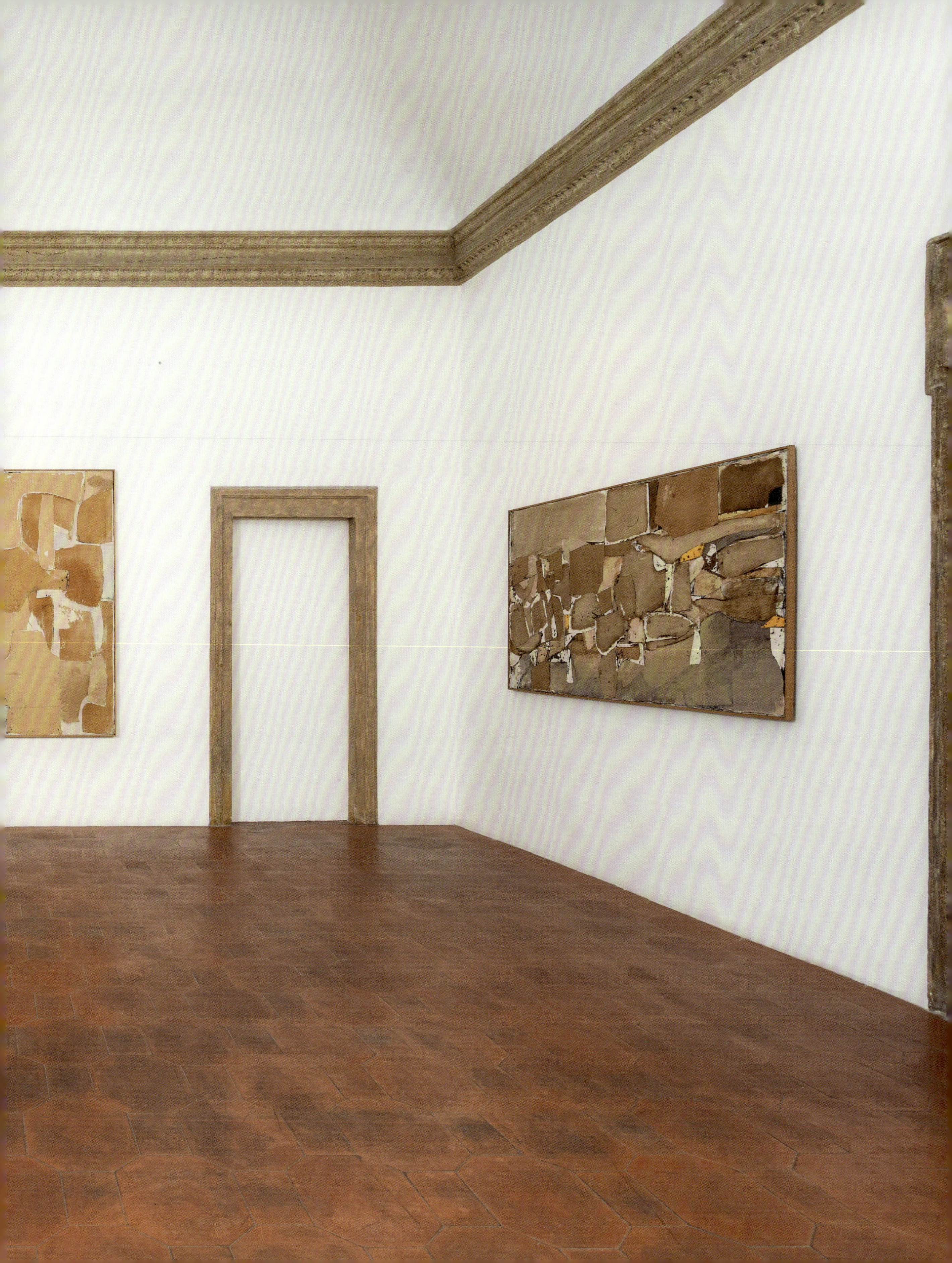

Università dell'Alabama, Tuscaloosa, 1968
University of Alabama, Tuscaloosa, 1968

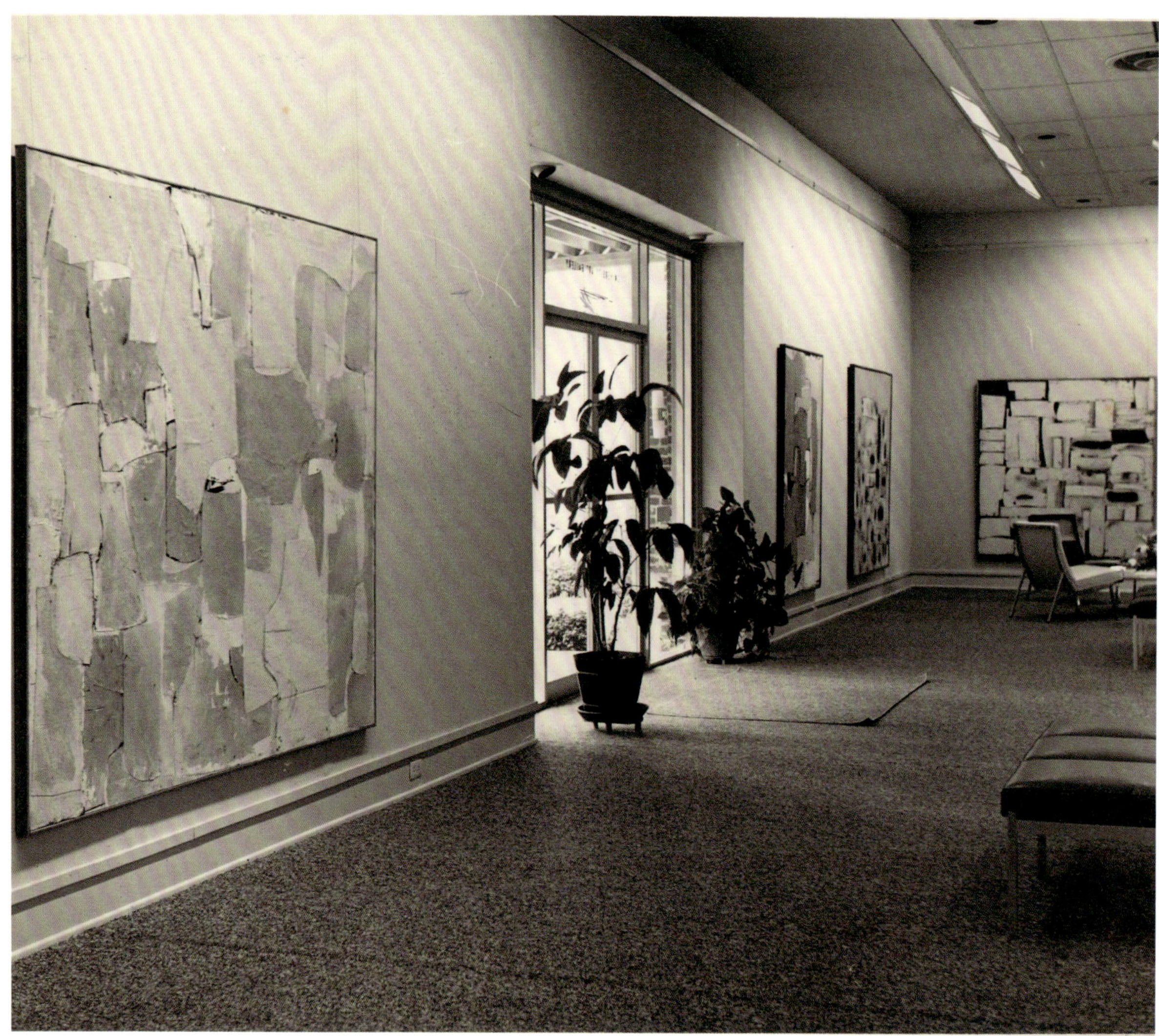

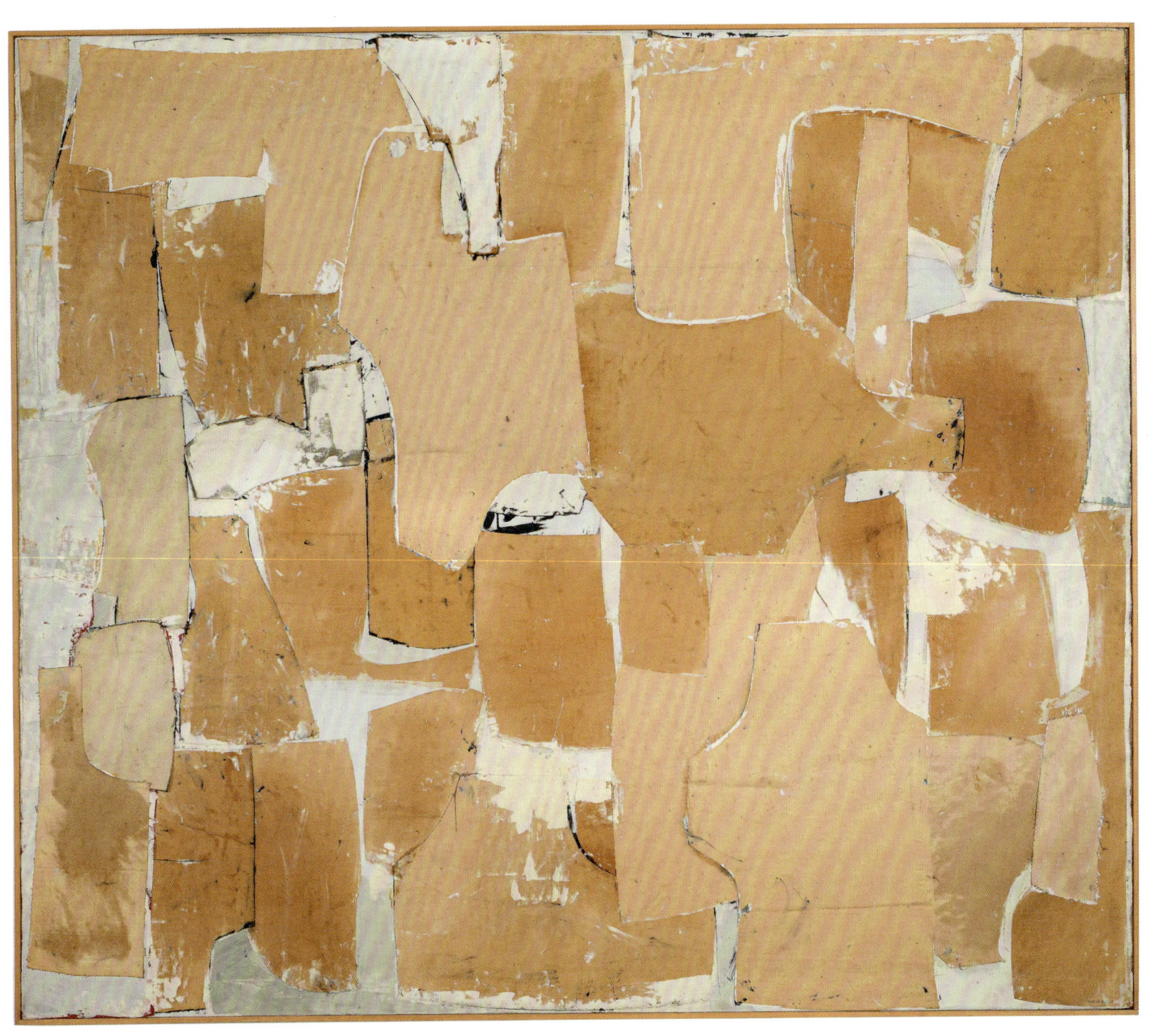

17   *The Wall No. 2*, 1959
182 x 213 cm

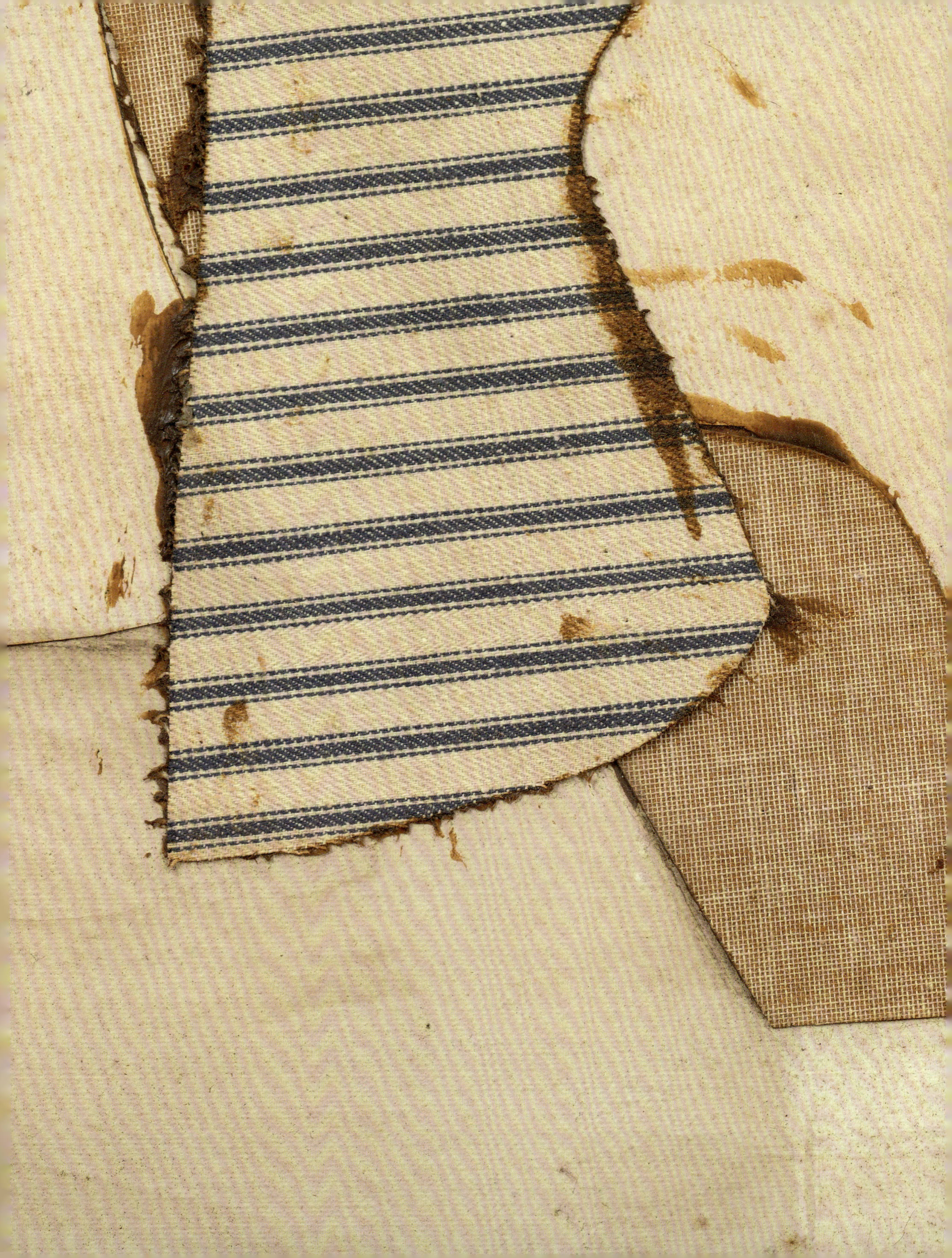

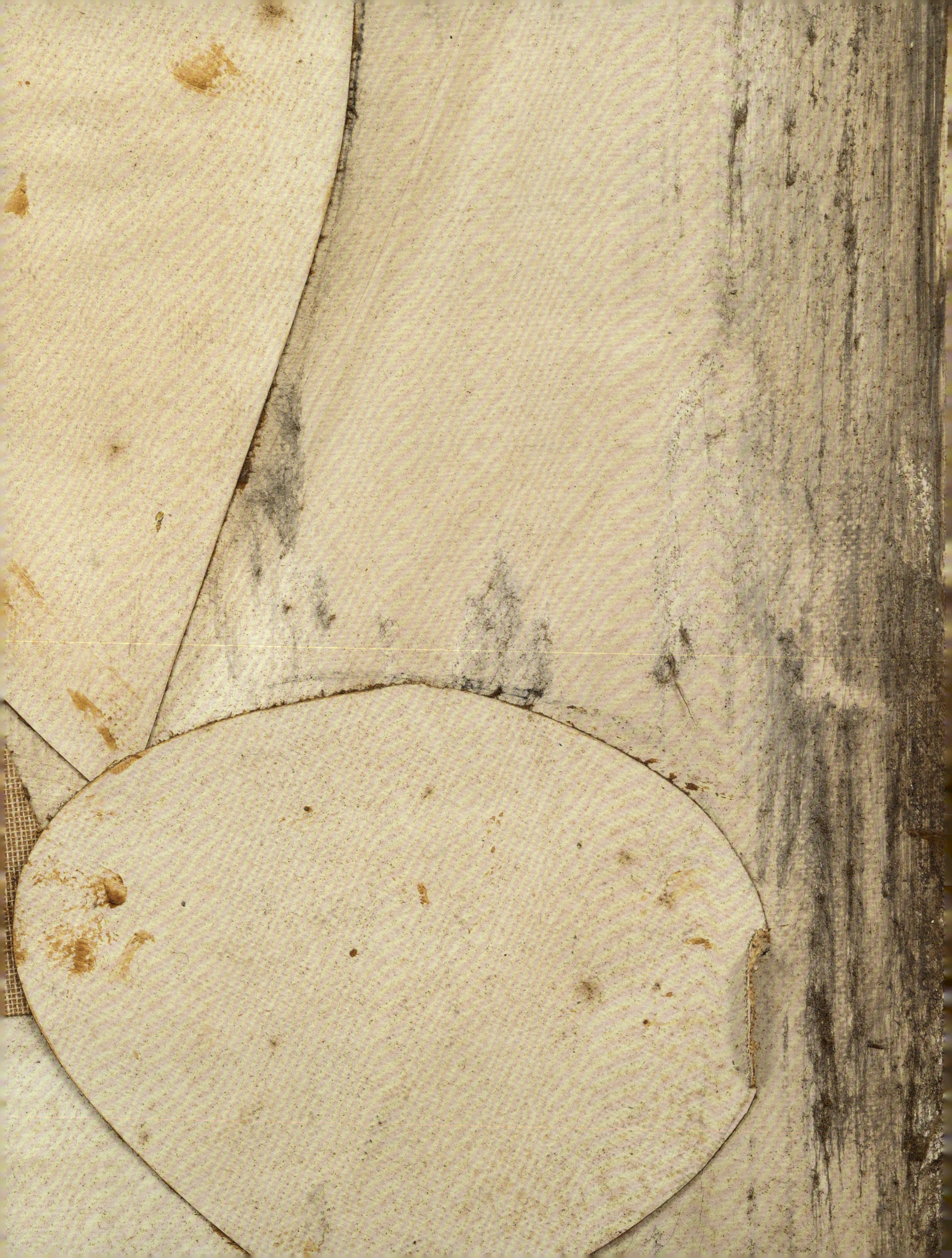

18   *Seated Figure XM-5-60*, 1960
83.8 x 55.5 cm

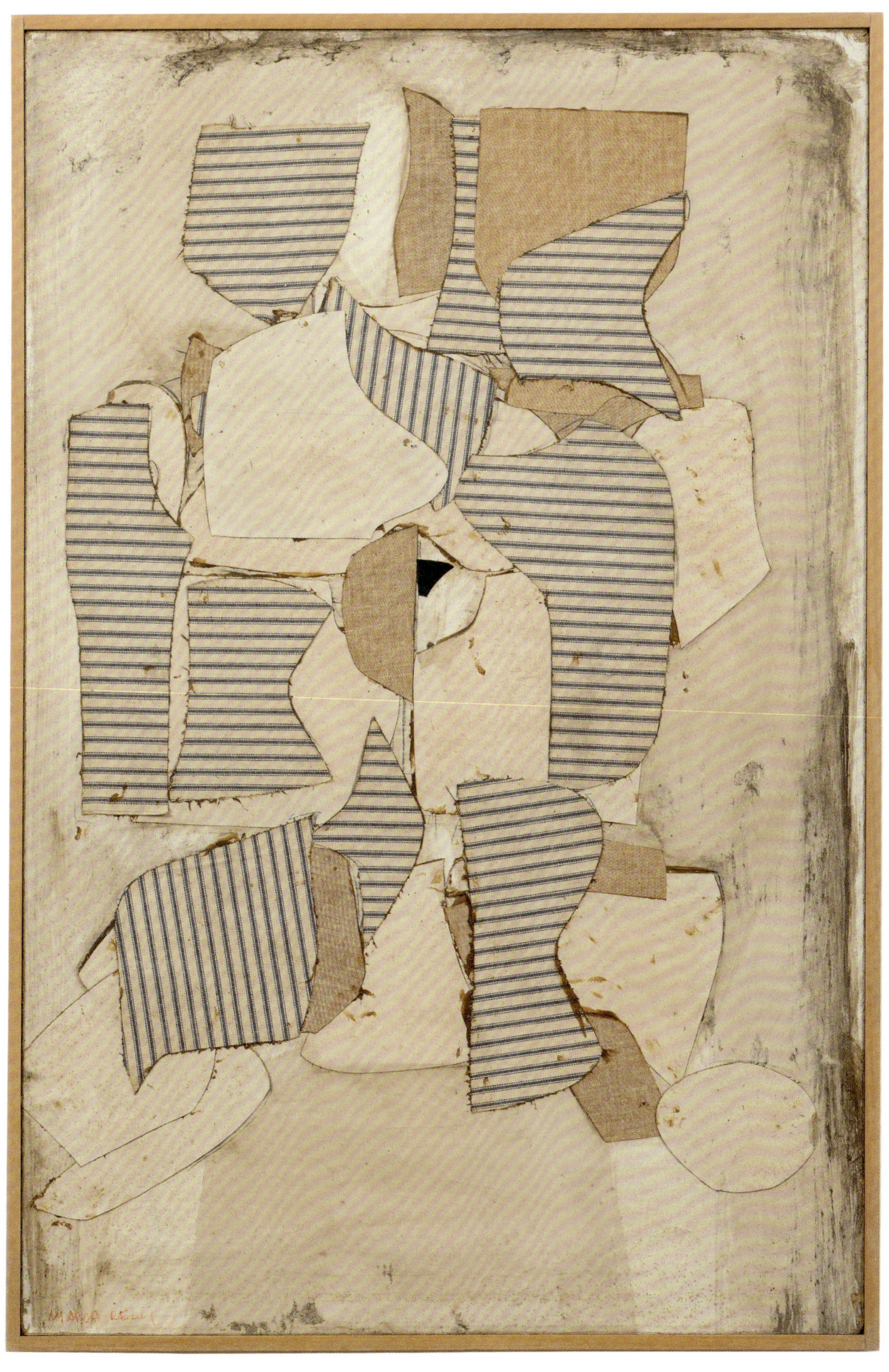

19   *M-14-59*, 1959
      91 x 91.8 cm

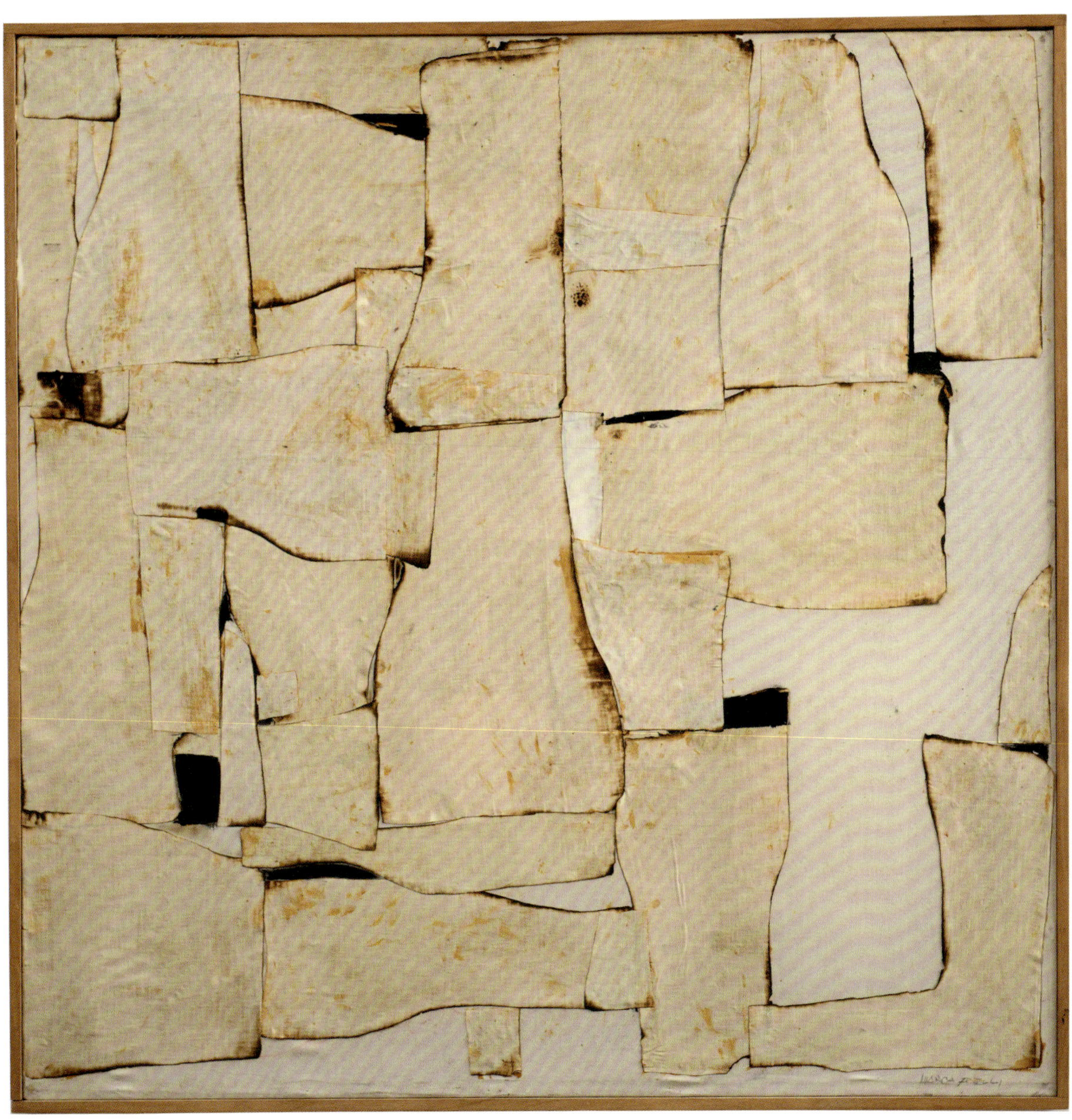

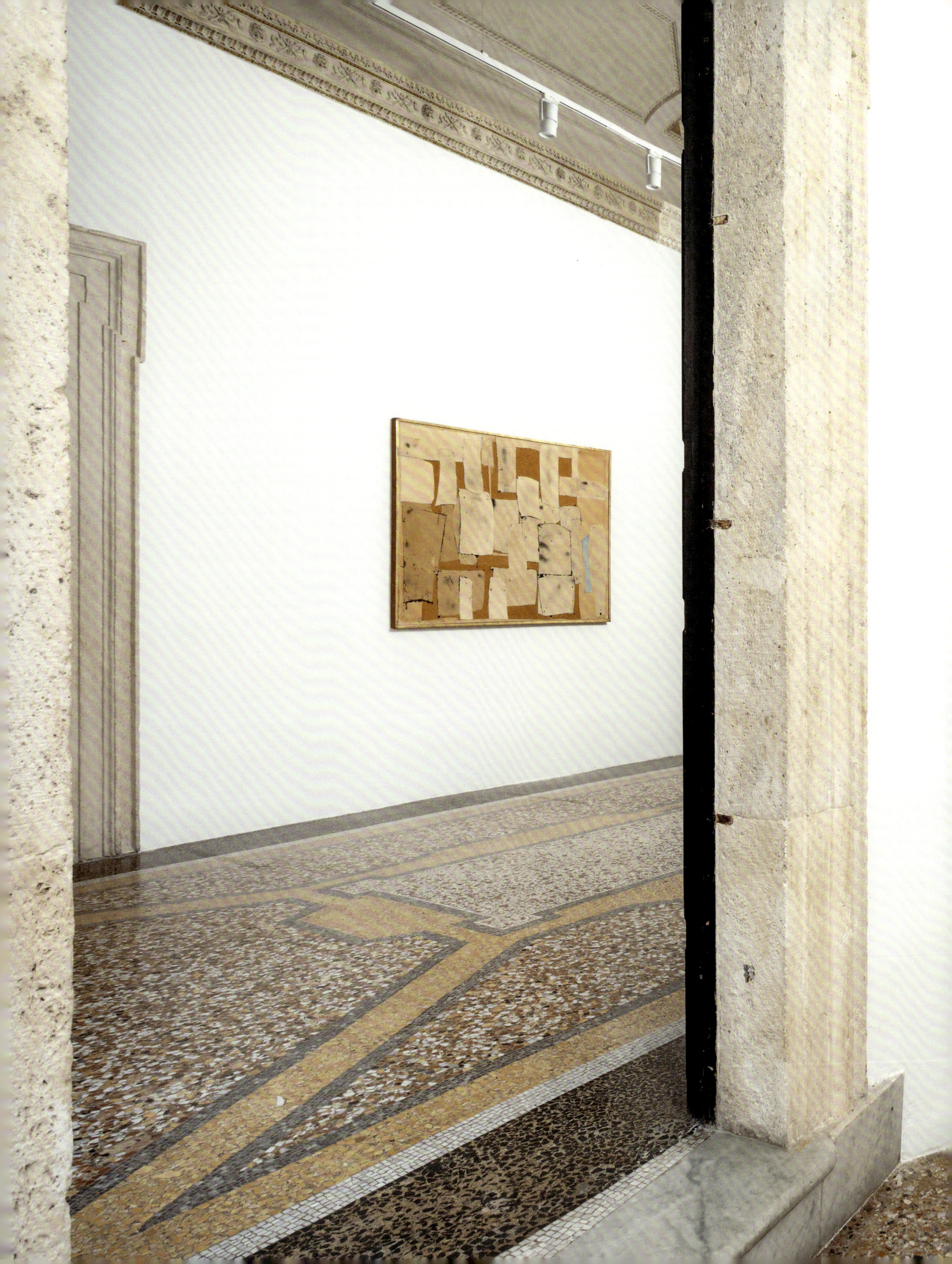

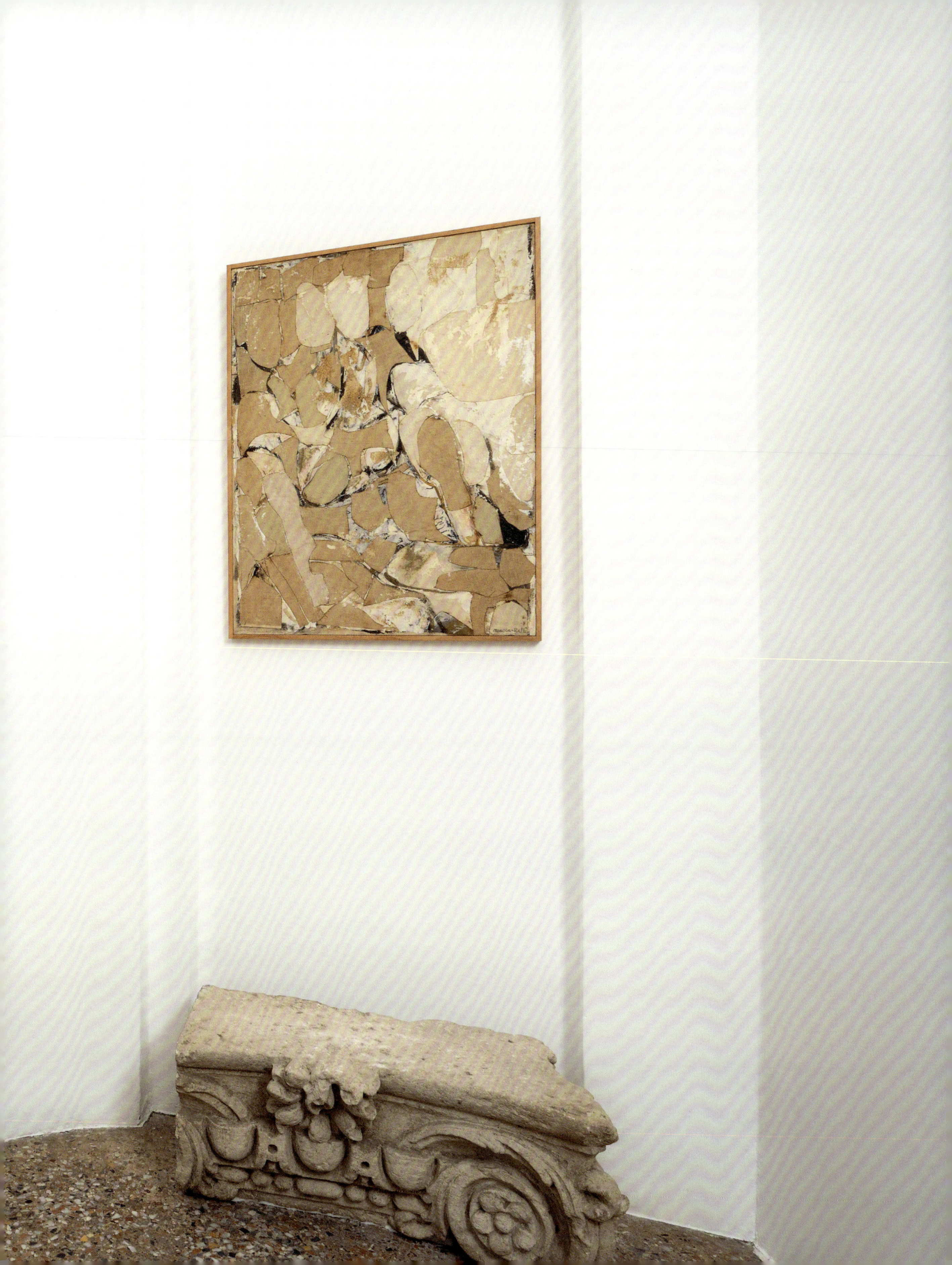

20   *XM-40-56*, 1956
      92 x 68 cm

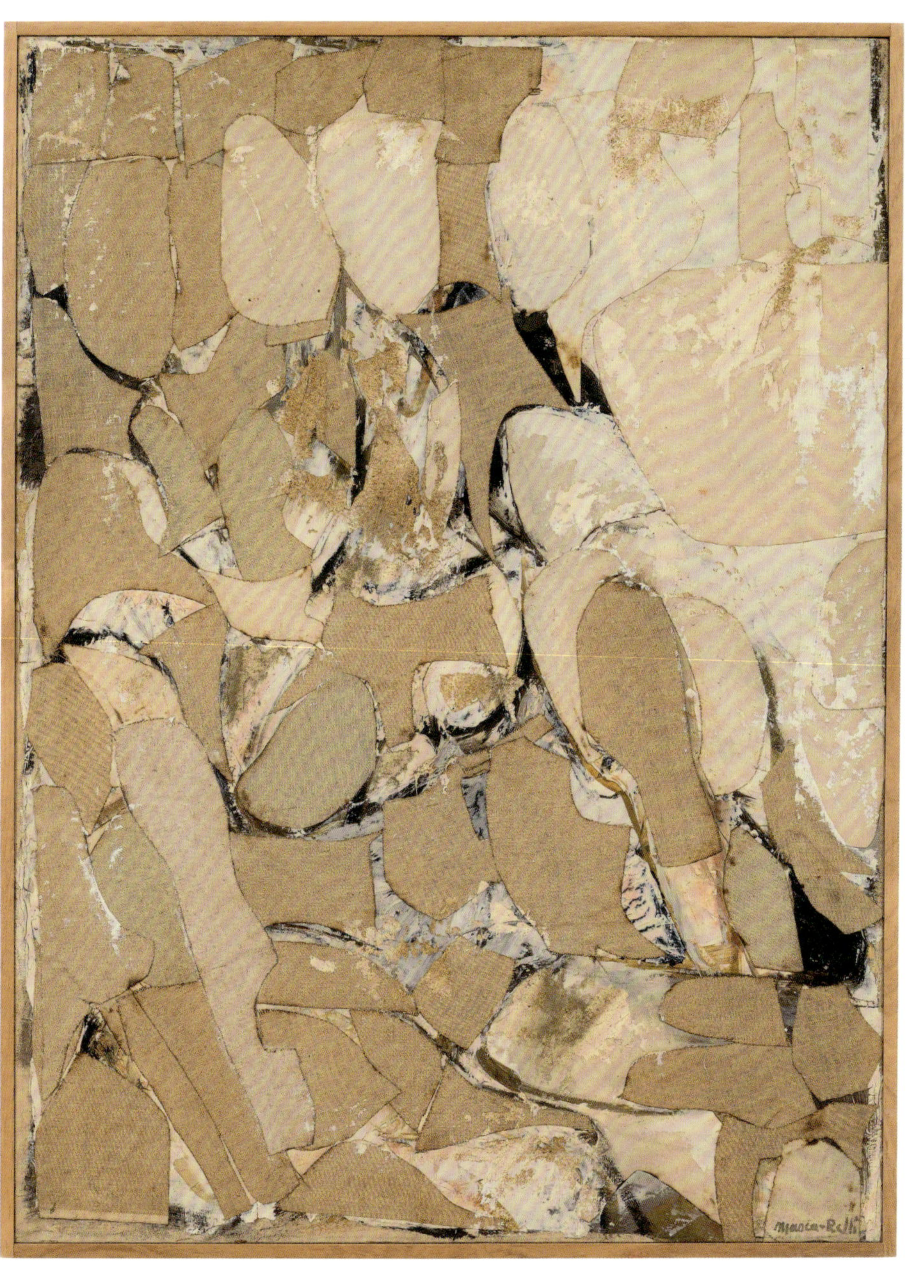

21   *N-M-6-59*, 1959
       111.4 x 147.4 cm

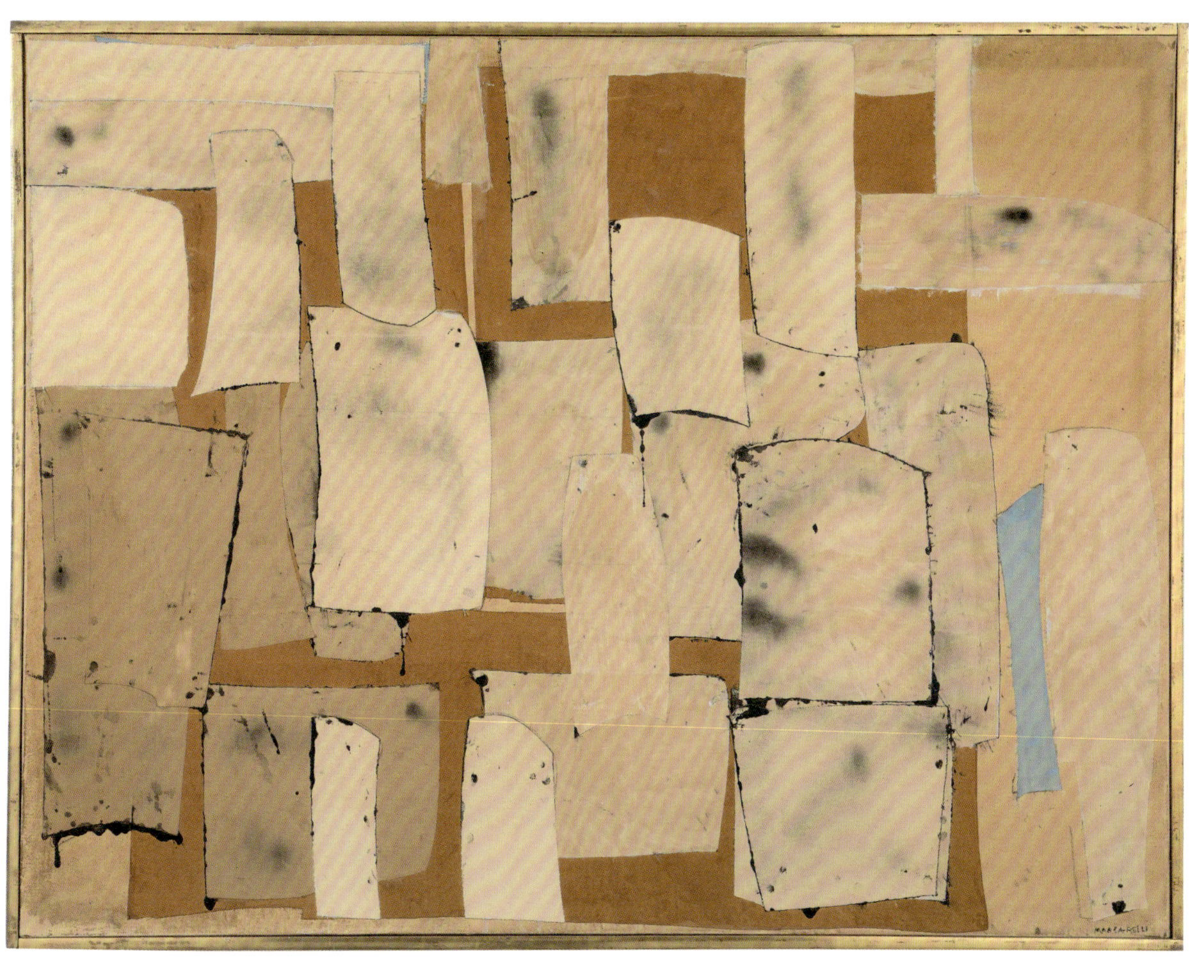

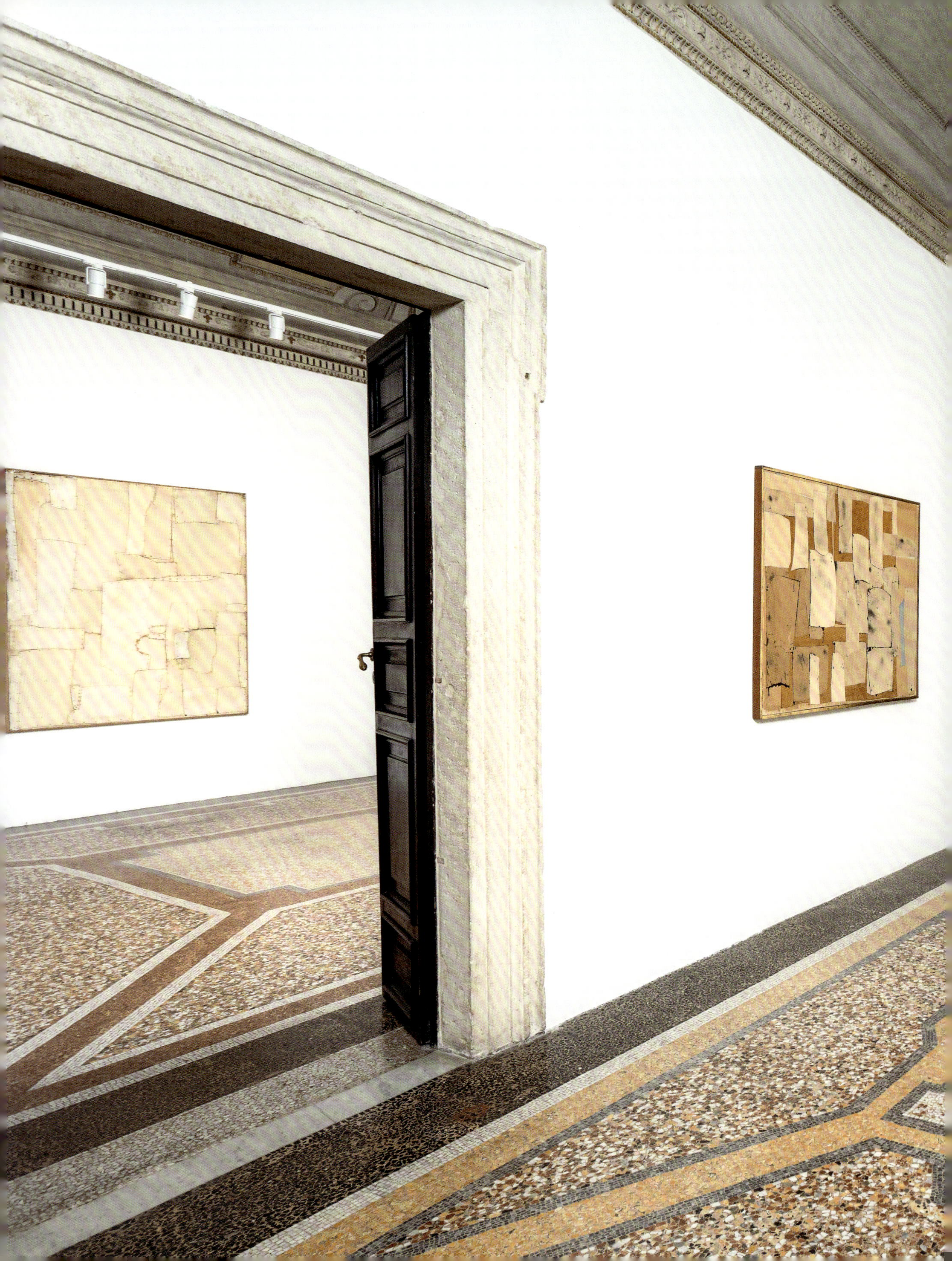

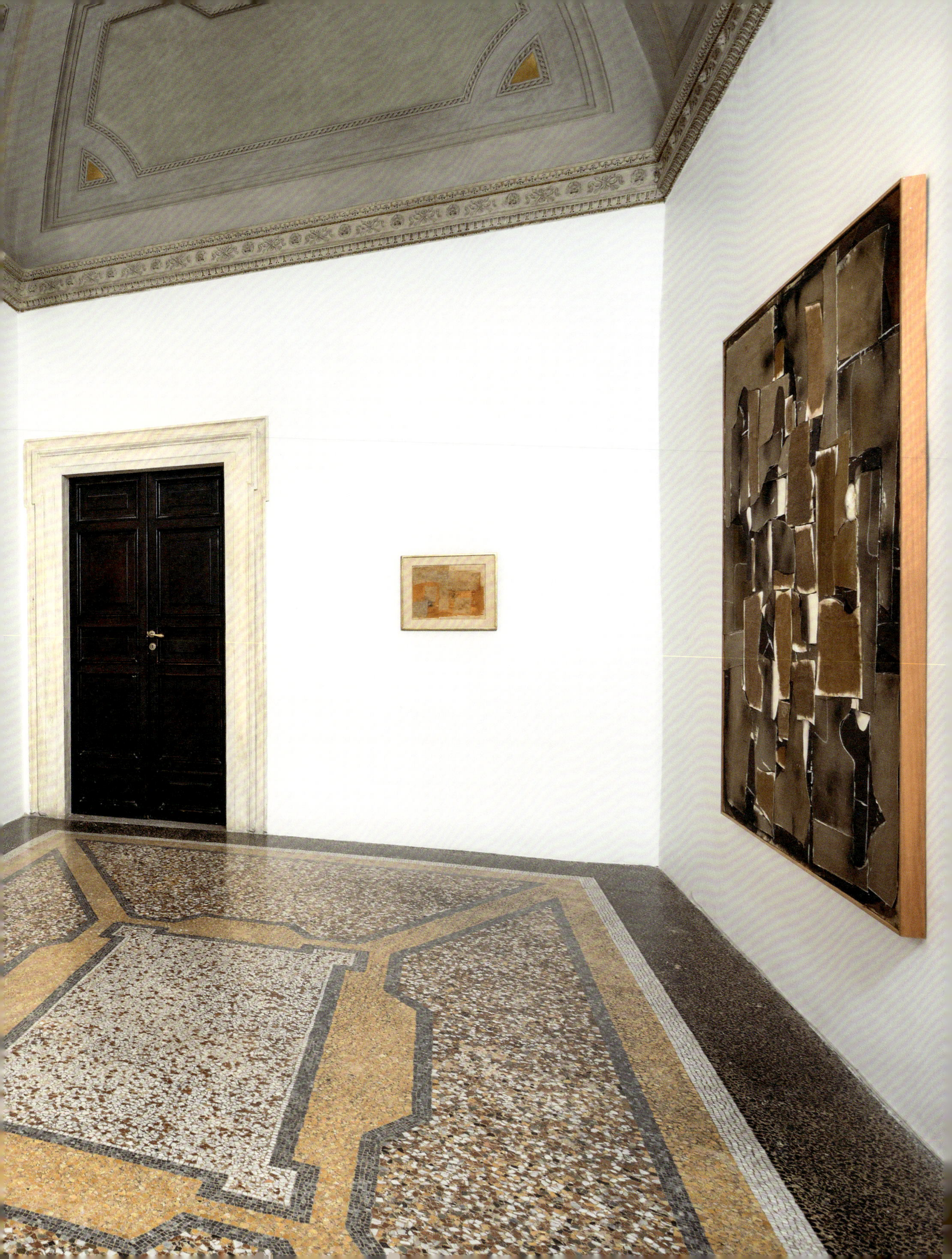

22   *S-2-63*, 1963
      32 x 40 cm

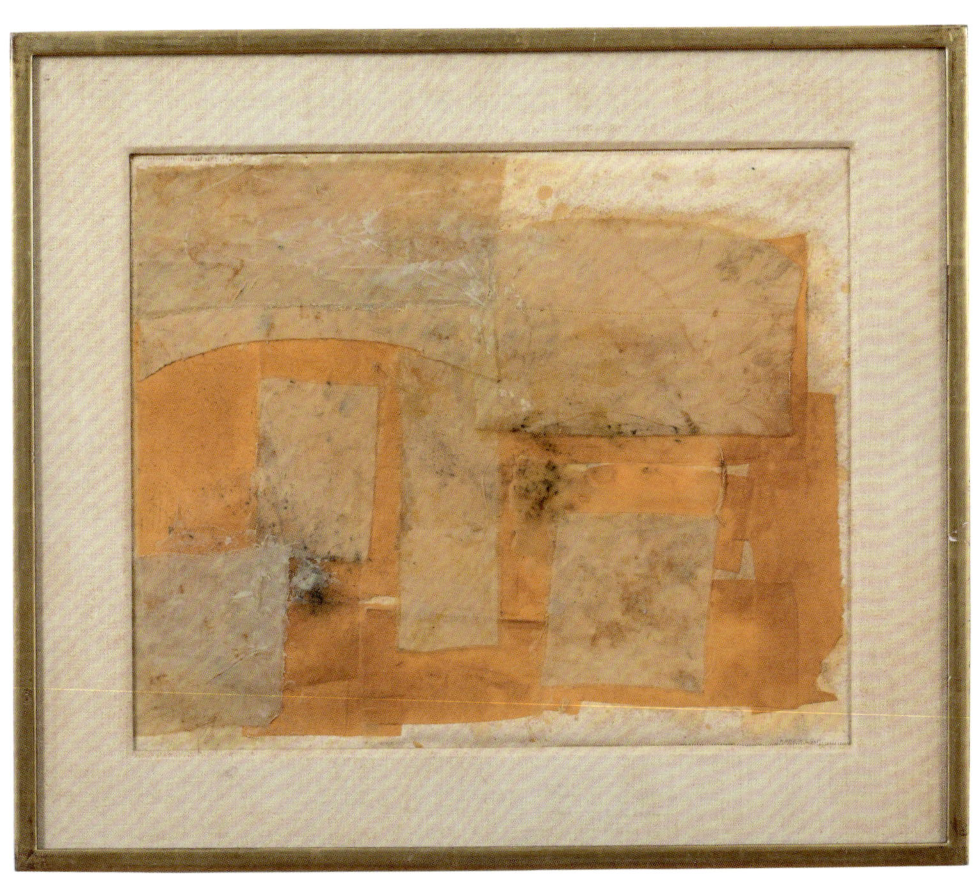

23   *"The Terminal" EH-L-9-67*, 1967
      198.5 x 168 cm

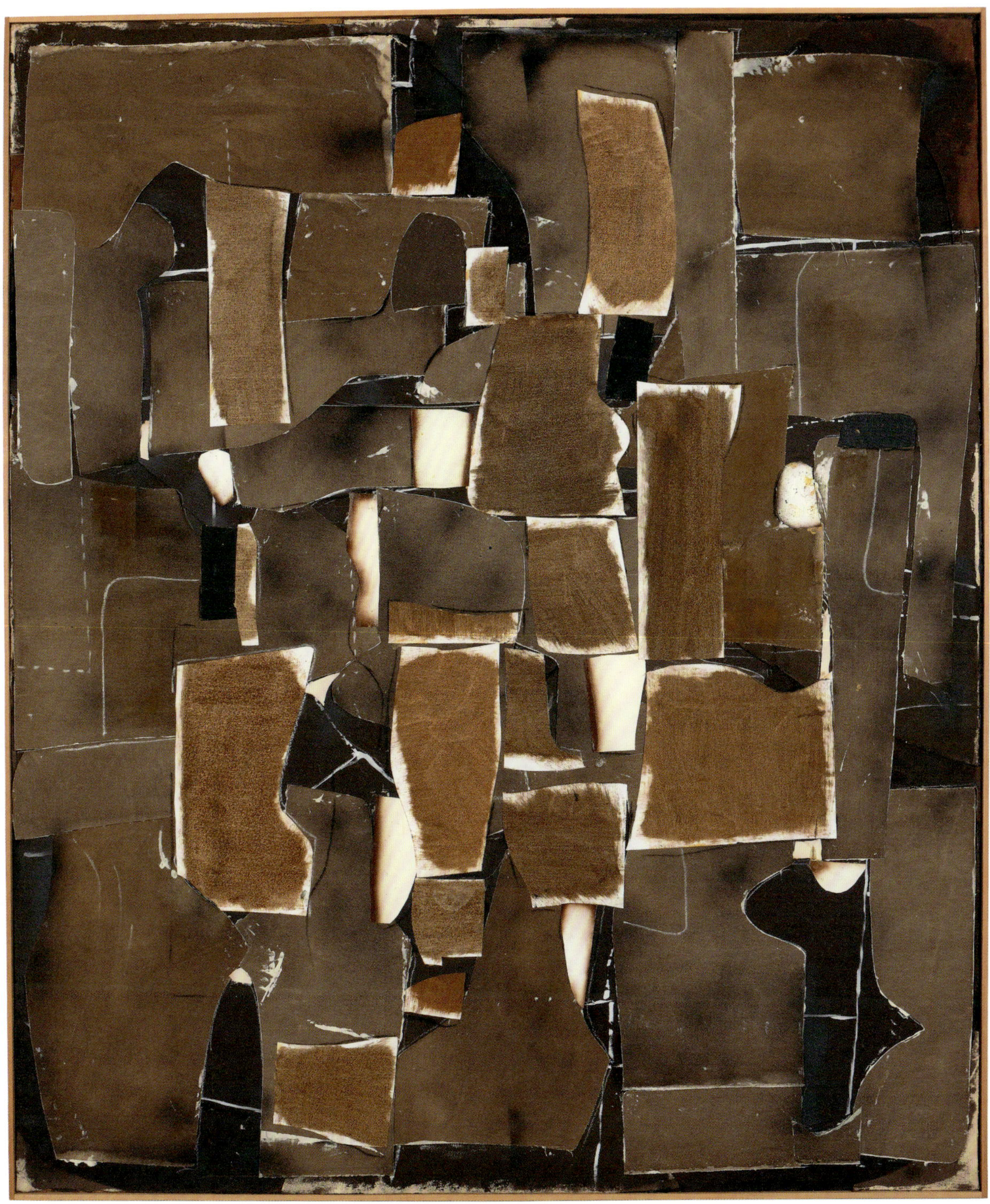

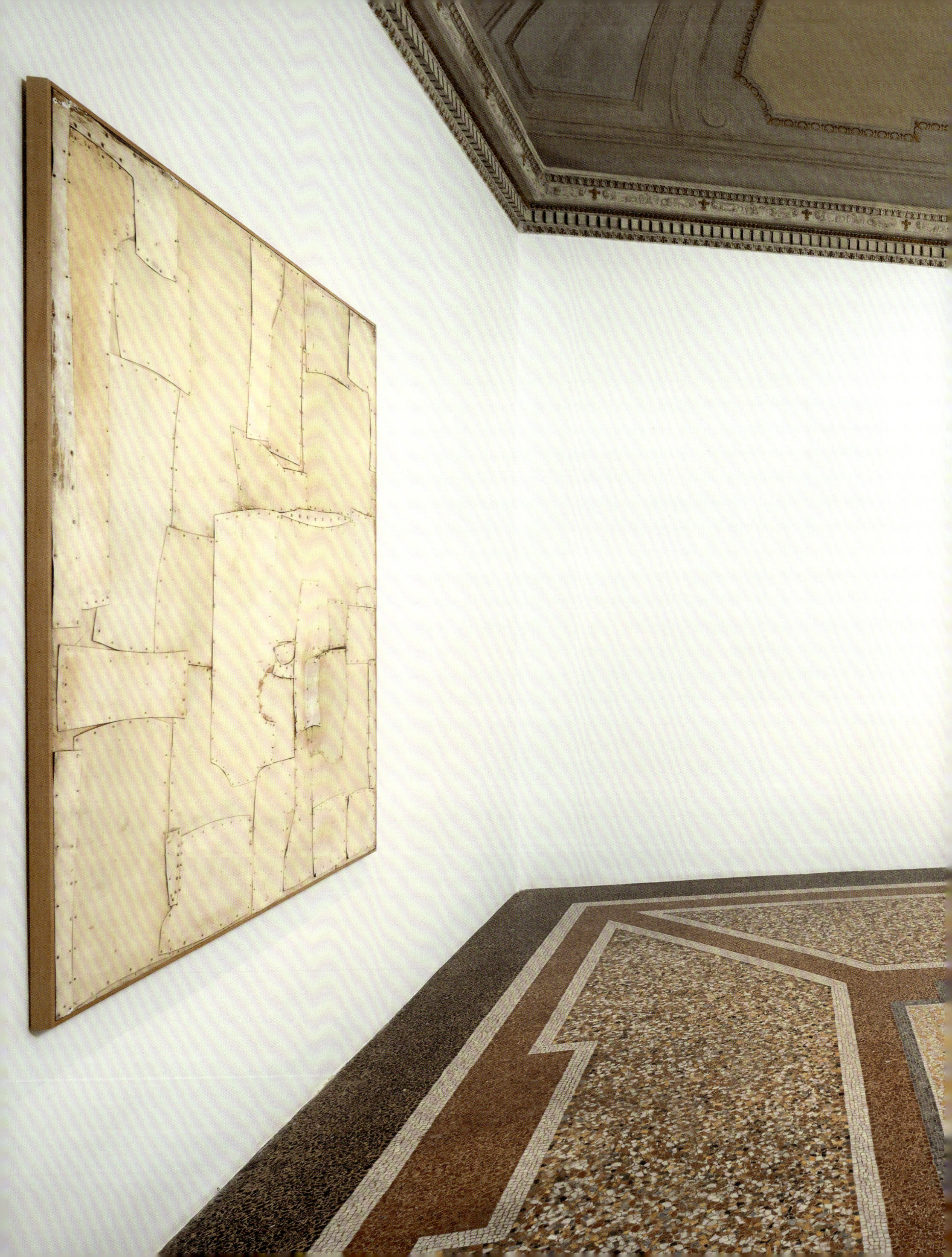

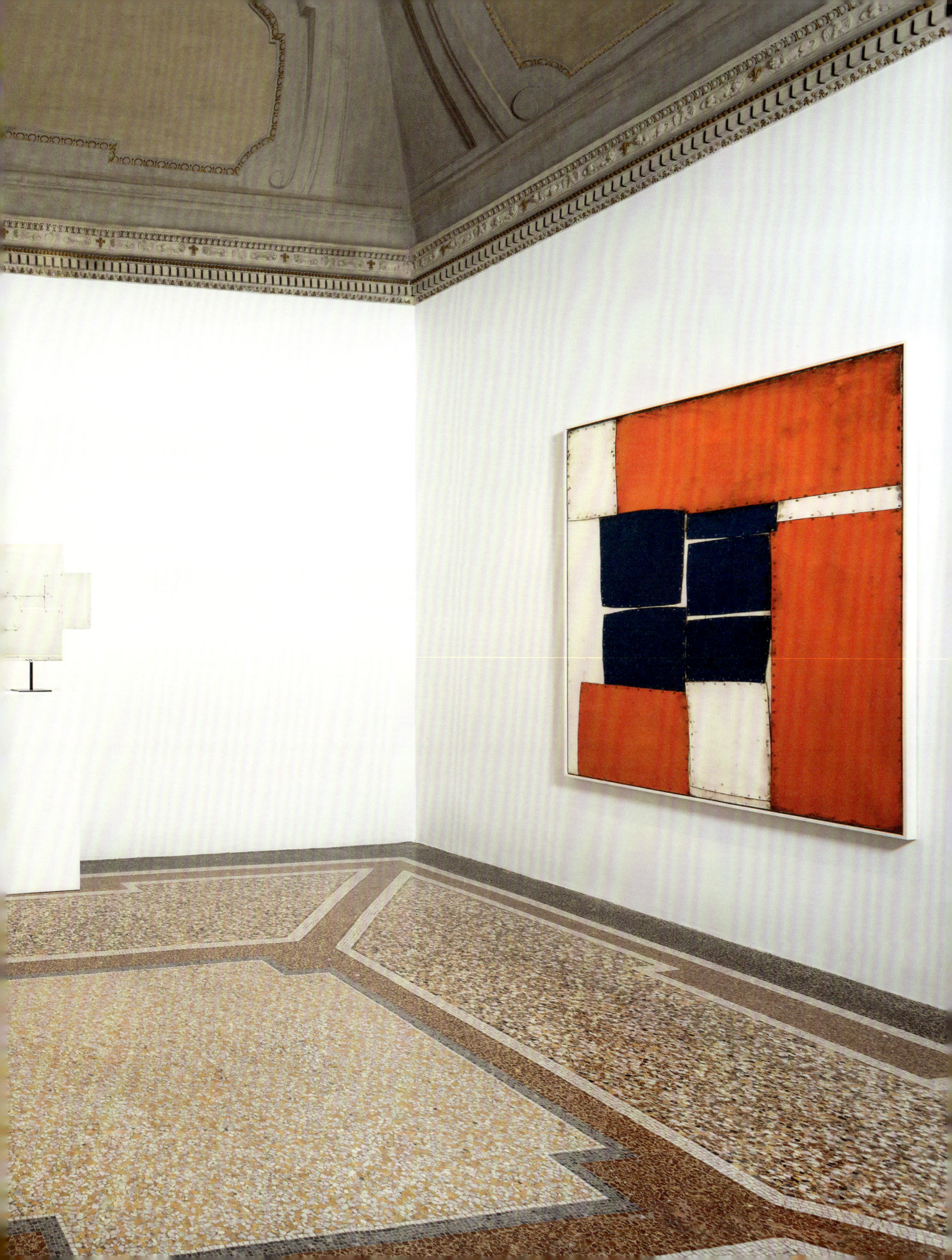

24   *"Project F" L-14-62*, 1962
      182.5 x 152.5 cm

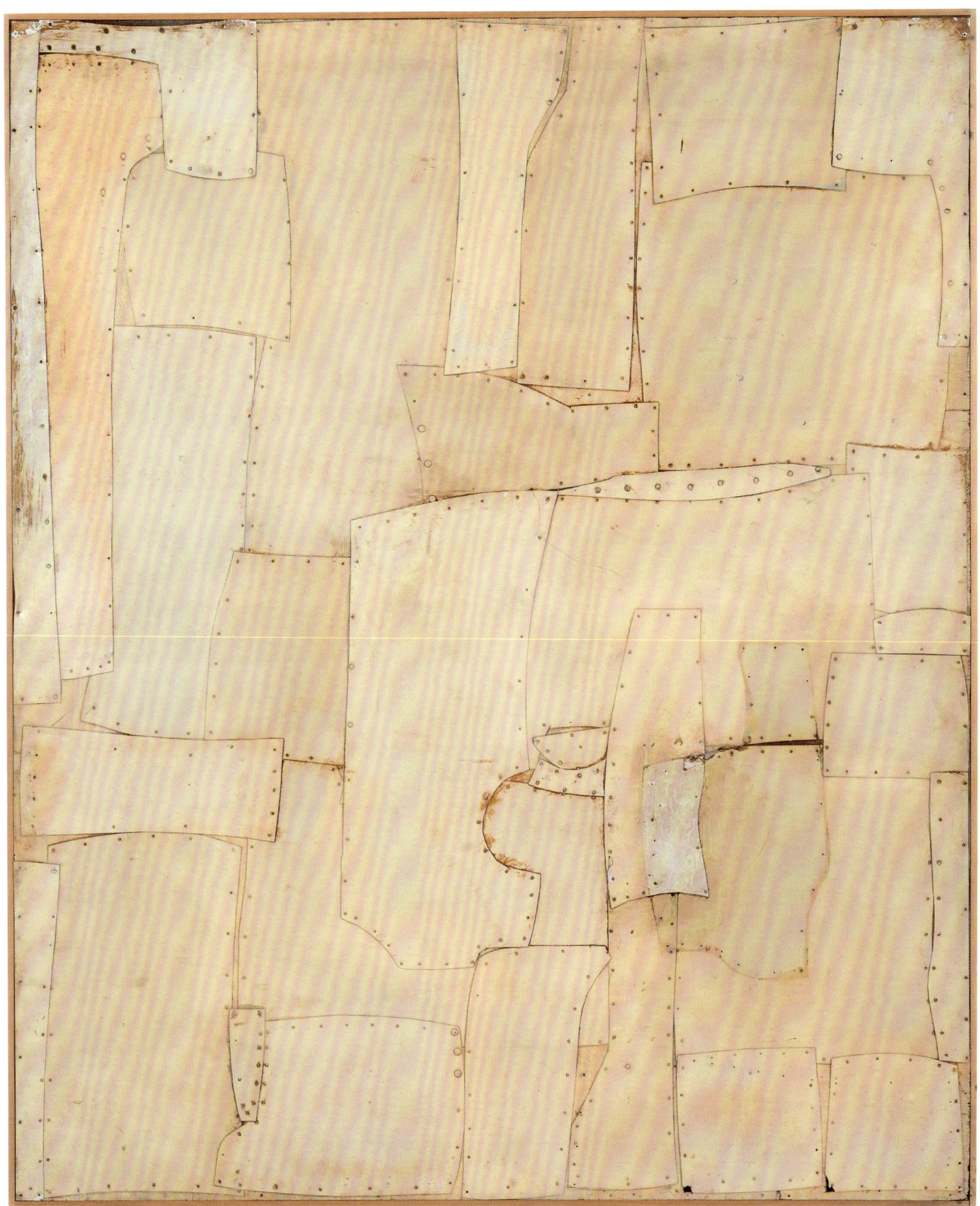

25   *Untitled*, 1967 circa
      84.5 x 77.5 x 6.5 cm

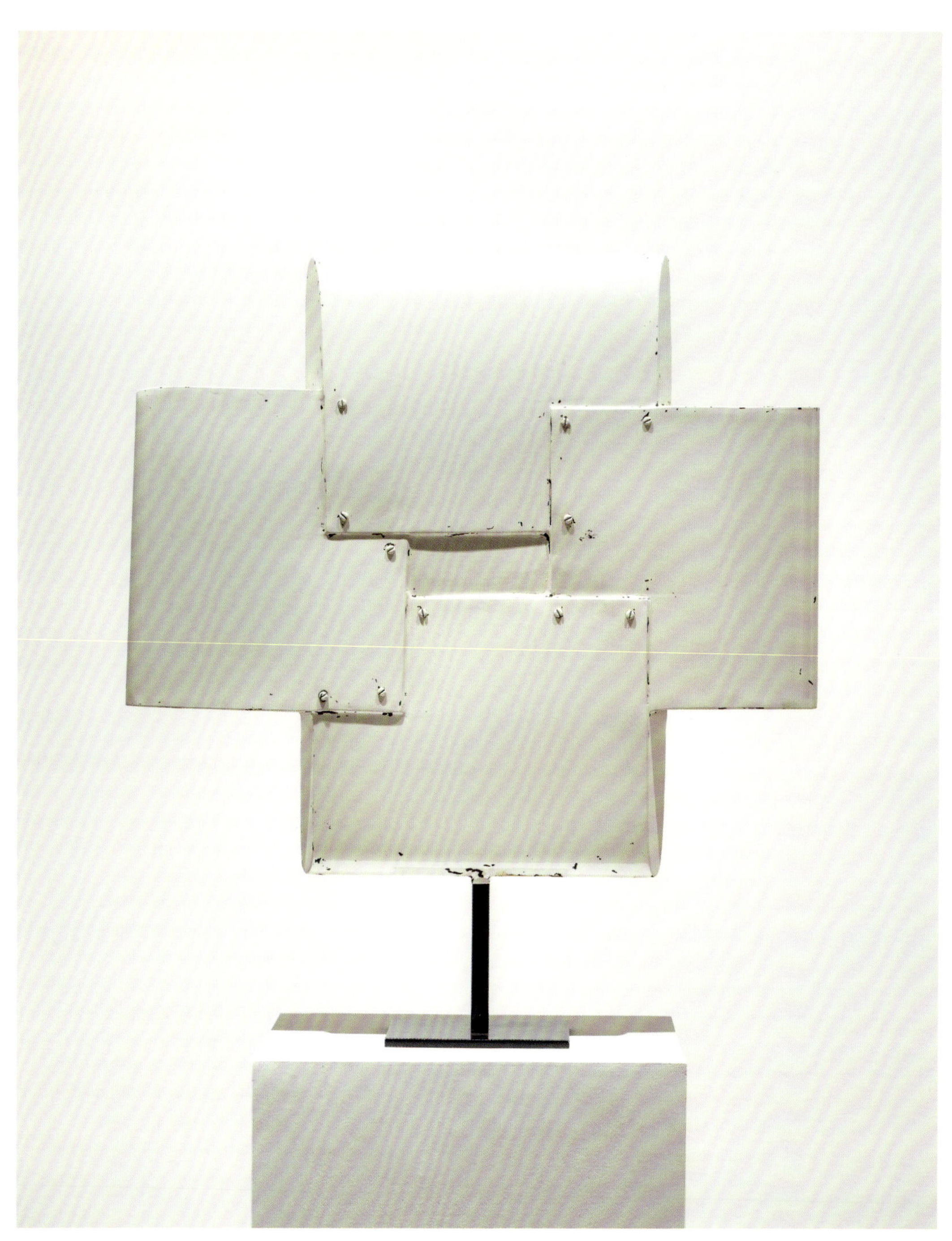

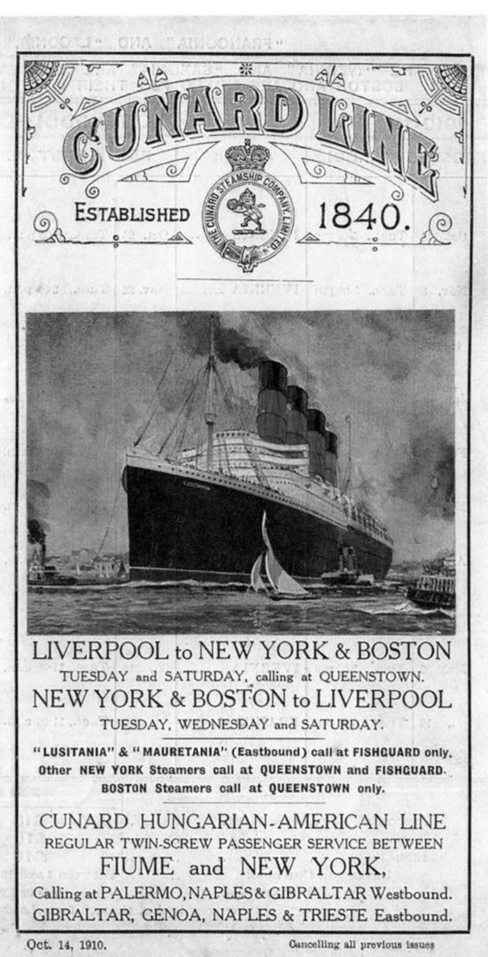

Cunard Line - Da Liverpool a New York & Boston
Cunard Line - Liverpool to New York & Boston

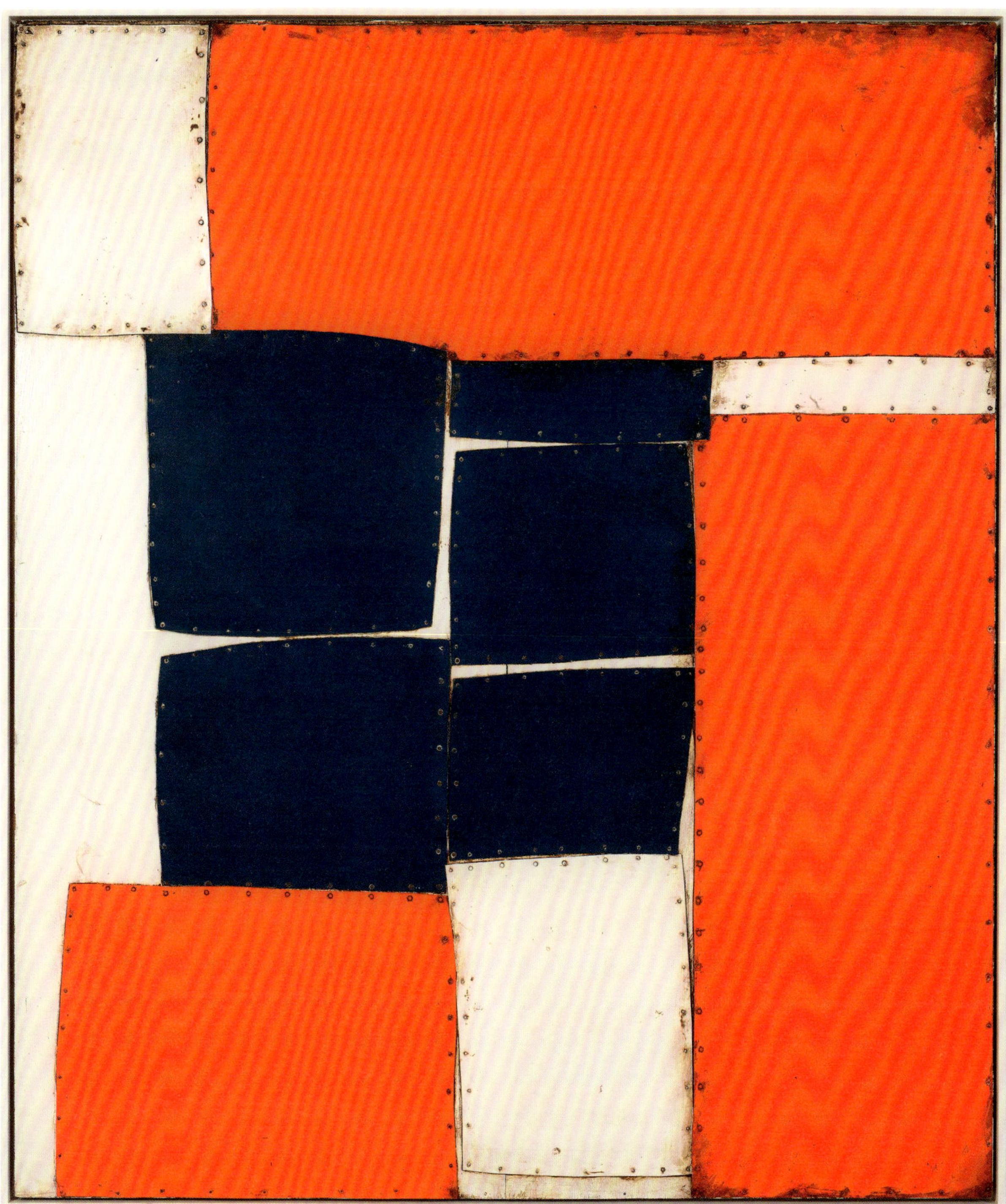

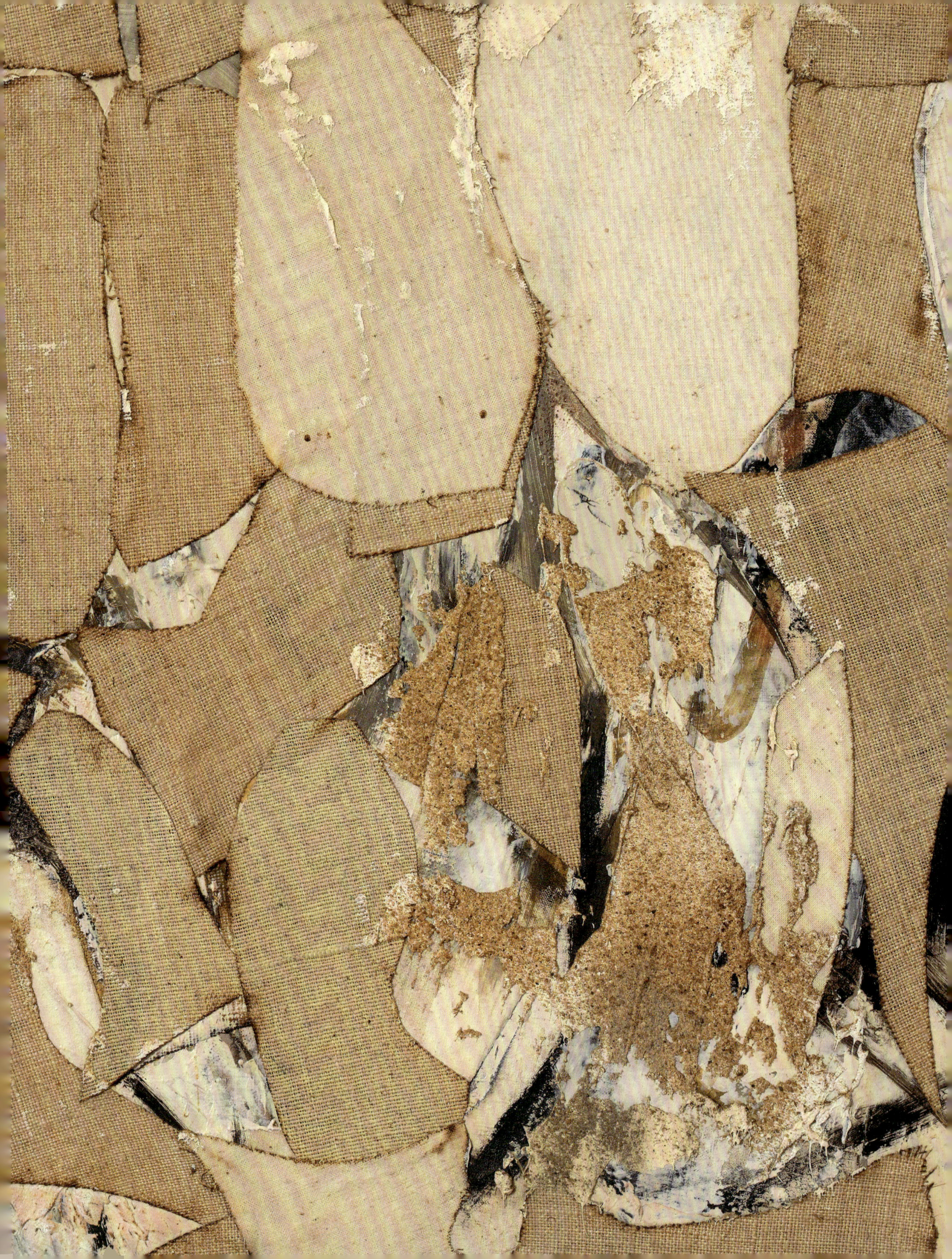

01
Untitled, 1951
signed and dated "MARCA-RELLI/51"
(lower right)
collage and mixed media on canvassed
cardboard
37.8 x 34.3 cm (14 ⅞ x 13 ½ in.)
Archivio Conrad Marca-Relli

02
Untitled (Figure), 1951
signed and dated "MARCA-RELLI/51"
(lower right)
collage and mixed media on
canvassed cardboard
30.3 x 30.1 cm (11 ¹⁵⁄₁₆ x 11 ⅞ in.)
Archivio Conrad Marca-Relli

03
Cityscape, c. 1952
signed "MARCA-RELLI" (lower right)
oil on canvas
93 x 156.5 cm (36 ⅝ x 61 ⅝ in.)
Archivio Conrad Marca-Relli

04
Cityscape, 1953
oil on canvas
92 x 135 cm (36 ¼ x 53 ⅛ in.)
Archivio Conrad Marca-Relli

05
"Ora" Seated Figure, 1953
signed "MARCA-RELLI" (lower right);
signed again, titled and inscribed "MARCA-
RELLI/"ORA"/#5-54-16/1953 -
 oil painting + collage" (on the reverse)
collage and oil painting on wood
34.5 x 30 cm (13 ⁹⁄₁₆ x 11 ¹³⁄₁₆)
Private Collection, Italy

06
L-54-9 The Vestibule, 1954
signed "…RCA-RELLI" (lower left);
signed again, titled and inscribed
"MARCA-RELLI/36 x 69/
THE VESTIBULE 1954/
MARCA-RELLI/54/36 x 69" (on the reverse)
collage and mixed media on canvas
175.5 x 93 cm (69 ¹⁄₁₆ x 36 ⅝ in.)
Archivio Conrad Marca-Relli

07
XM-3-54, 1954
signed "MARCA-RELLI" (lower right);
signed again, titled and inscribed
"MARCA-RELLI/49 ½" x 36 ½/XM-3-54"
(on the reverse)
collage and mixed media on canvas
120 x 90 cm (48 ¹⁵⁄₁₆ x 36 ⁷⁄₁₆ in.)
Archivio Conrad Marca-Relli

08
Untitled, 1954
signed "MARCA-RELLI" (on the reverse)
collage and mixed media on canvas
167 x 128 cm (65 ¾ x 50 ⅜ in.)
Archivio Conrad Marca-Relli

09
L-LA-55 The Strategist, 1955
signed "MARCA-RELLI" (lower right);
signed again, titled and inscribed
"MARCA-RELLI/L –
"THE STRATEGIST"/
70 ½" x 49 ½"" (on the reverse)
collage and mixed media on canvas
178 x 125 cm (70 ¹⁄₁₆ x 49 ³⁄₁₆ in.)
Archivio Conrad Marca-Relli

10
Untitled, 1955
signed "MARCA-RELLI" (lower right);
signed again "MARCA-RELLI"
(on the reverse)
oil and collage on canvas
92 x 80 cm (36 ¼ x 31 ½ in.)
Private Collection, Milan

11
Seated Figure, 1956
signed and dated "MARCA-RELLI/56"
(lower right)
collage and mixed media on canvas
52.5 x 45.5 cm (20 ¹¹⁄₁₆ x 17 ¹⁵⁄₁₆ in.)
Private Collection, Italy

12
N-7-55, 1955
signed "MARCA-RELLI"
(lower right);
signed again and numbered
"MARCA-RELLI/MR 09120"
(on the reverse)
collage and mixed media on canvas
51.5 x 67.5 cm (20 ¼ x 26 ⁹⁄₁₆ in.)
Archivio Conrad Marca-Relli

13
The Struggle, 1955
signed "MARCA-RELLI" (lower right);
signed again, dated and inscribed
"MARCA-RELLI/55/39 x 73'"
(on the reverse)
oil and collage on canvas
98.5 x 183 cm (38 ¾ x 72 in.)
Private Collection, Padua

14
L-8-56 Death of Jackson Pollock, 1956
signed, titled, dated and inscribed
"MARCA-RELLI/7' 4" x 3' 8"/
Death of Jackson Pollock/1956"

(on the reverse)
collage and mixed media on canvas
111 x 224 cm (43 ¹¹⁄₁₆ x 88 ³⁄₁₆ in.)
Private Collection, Italy

15
M-11-56, 1956
signed "Marca-Relli" (lower right); signed
again, titled and inscribed
"MARCA-RELLI/M-11-56/46" x 24 ½""
(on the reverse)
collage and mixed media on canvas
61 x 115 cm (24 ⁵⁄₁₆ x 45 ¼ in.)
Private Collection, Italy

16
"Reclining Figure #2" M-4-56, 1956
signed "MARCA-RELLI" (lower right);
signed again, titled and inscribed
"MARCA-RELLI/25" x 45"/M-4-56"
(on the reverse)
collage and mixed media on canvas
61.9 x 112.5 cm (24 ⅜ x 44 ⁵⁄₁₆ in.)
Courtesy Galleria dello Scudo, Verona

17
The Wall No. 2, 1959
signed, titled and inscribed "MARCA-
RELLI/6' x 7"/L-3-59/THE WALL #2"
(on the reverse)
collage and mixed media on canvas
182 x 213 cm (71 ⅝ x 83 ⅞ in.)
Archivio Conrad Marca-Relli

18
Seated Figure XM-5-60, 1960
signed "MARCA-RELLI" (lower left);
signed again, titled and inscribed
"MARCA-RELLI/33" x 22"/XM-5-60/
SEATED FIGURE" (on the reverse)
collage and mixed media on canvas
83.8 x 55.5 cm (32 ¹⁵⁄₁₆ x 21 ⅞ in.)
Archivio Conrad Marca-Relli

19
M-14-59, 1959
signed "MARCA-RELLI" (lower right);
signed again, titled and inscribed
"MARCA-RELLI/M-14-59/Untitled/
36" x 36"" (on the reverse)
collage and mixed media on canvas
91 x 91.8 cm (35 ¹³⁄₁₆ x 36 ⅛ in.)
Archivio Conrad Marca-Relli

20
XM-40-56, 1956
signed "MARCA-RELLI" (lower right);
signed again, titled and inscribed
"MARCA-RELLI /36 1/2" x 26"/XM-40-
56/"SEATED FIGURE" 56" (on the reverse)
collage and mixed media on canvas

92 x 68 cm (36 ½ x 26 ¾ in.)
Archivio Conrad Marca-Relli

21
N-M-6-59, 1959
signed "MARCA-RELLI" (lower right);
signed again, titled and dated
"MARCA-RELLI/MARCH 18th/
N-M-6-59" (on the reverse)
oil and collage on canvas
111.4 x 147.4 cm (43 ⅞ x 58 ¹⁄₁₆ in.)
Valsecchi Collection

22
S-2-63, 1963
signed "S-2-63/MARCA-RELLI/13 x 16 ½"
(on the reverse)
collage and mixed media on canvas
32 x 40 cm (12 ⅝ x 15 ¾ in.)
Archivio Conrad Marca-Relli

23
"The Terminal" EH-L-9-67, 1967
signed, titled and inscribed
"MARCA-RELLI/6741/EH-L-9-67/
1959-60/TITLE "TERMINAL"/
5' 7" x 6' 6" (on the reverse)
collage and mixed media on canvas
198.5 x 168 cm (78 ⅛ x 66 ⅛ in.)
Archivio Conrad Marca-Relli

24
"Project F" L-14-62, 1962
signed, titled and inscribed
"MARCA-RELLI/Project F/L-14-62/6' x 5'"
(on the reverse)
collage and mixed media on canvas
182.5 x 152.5 cm (71 ⅝ x 60 ¹⁄₁₆ in.)
Archivio Conrad Marca-Relli

25
Untitled, c. 1967
painted aluminum
84.5 x 77.5 x 6.5 cm (33 ¼ x 20 ½ x 2 ⁹⁄₁₆ in.)
Archivio Conrad Marca-Relli

26
L-8-62 Cunard, 1962
signed, titled and inscribed
"MARCA-RELLI/L-8-62/CUNARD/
6' 3" x 5' 4"" (on the reverse)
collage and mixed media on panel
189.5 x 162.5 cm (74 ⅝ x 63 ¹⁵⁄₁₆ in.)
Archivio Conrad Marca-Relli

01
Untitled, 1951
firmato e datato "MARCA-RELLI/51"
(in basso a destra)
tecnica mista e collage su cartoncino intelato
37,8 x 34,3 cm
Archivio Conrad Marca-Relli

02
Untitled (Figure), 1951
firmato e datato "MARCA-RELLI/51"
(in basso a destra)
tecnica mista e collage su cartoncino intelato
30,3 x 30,1 cm
Archivio Conrad Marca-Relli

03
Cityscape, 1952 circa
firmato "MARCA-RELLI" (in basso a destra)
olio su tela
93 x 156,5 cm
Archivio Conrad Marca-Relli

04
Cityscape, 1953
olio su tela
92 x 135 cm
Archivio Conrad Marca-Relli

05
"Ora" Seated Figure, 1953
firmato "MARCA-RELLI" (in basso a destra);
firmato, intitolato e inscritto
"MARCA-RELLI/"ORA"/#5-54-16/1953 -
oil painting + collage" (sul retro)
collage e olio su legno
34,5 x 30 cm
Collezione privata, Italia

06
L-54-9 The Vestibule, 1954
firmato "...RCA-RELLI" (in basso a sinistra);
firmato, intitolato e inscritto
"MARCA-RELLI/36 x 69/
THE VESTIBULE 1954/
MARCA-RELLI/54/36 x 69" (sul retro)
collage e tecnica mista su tela
175,5 x 93 cm
Archivio Conrad Marca-Relli

07
XM-3-54, 1954
firmato "MARCA-RELLI" (in basso a destra);
firmato, intitolato e inscritto
"MARCA-RELLI/49 ½" x 36 ½/XM-3-54"
(sul retro)
collage e tecnica mista su tela
120 x 90 cm
Archivio Conrad Marca-Relli

08
Untitled, 1954
firmato "MARCA-RELLI" (sul retro)
collage e tecnica mista su tela
167 x 128 cm
Archivio Conrad Marca-Relli

09
L-LA-55 The Strategist, 1955
firmato "MARCA-RELLI"
(in basso a destra);
firmato, intitolato e inscritto
"MARCA-RELLI/L –
"THE STRATEGIST"/
70 ½" x 49 ½"" (sul retro)
collage e tecnica mista su tela
178 x 125 cm
Archivio Conrad Marca-Relli

10
Untitled, 1955
firmato "MARCA-RELLI" (in basso a destra);
firmato "MARCA-RELLI" (sul retro)
olio e collage su tela
92 x 80 cm
Collezione privata, Milano

11
Seated Figure, 1956
firmato e datato "MARCA-RELLI/56"
(in basso a destra)
collage e tecnica mista su tela
52,5 x 45,5 cm
Collezione privata, Italia

12
N-7-55, 1955
firmato "MARCA-RELLI" (in basso a destra);
firmato e numerato
"MARCA-RELLI/MR 09120" (sul retro)
collage e tecnica mista su tela
51,5 x 67,5 cm
Archivio Conrad Marca-Relli

13
The Struggle, 1955
firmato "MARCA-RELLI"
(in basso a destra); firmato, datato e inscritto
"MARCA-RELLI/55/39 x 73'" (sul retro)
olio e collage su tela
98,5 x 183 cm
Collezione privata, Padova

14
L-8-56 Death of Jackson Pollock, 1956
firmato, intitolato, datato e inscritto
"MARCA-RELLI/7' 4" x 3' 8"/
Death of Jackson Pollock/1956" (sul retro)
collage e tecnica mista su tela

111 x 224 cm
Collezione privata, Italia

15
M-11-56, 1956
firmato "Marca-Relli" (in basso a destra);
firmato, intitolato e inscritto
"MARCA-RELLI/M-11-56/46" x 24 ½""
(sul retro)
collage e tecnica mista su tela
61 x 115 cm
Collezione privata, Italia

16
"Reclining Figure #2" M-4-56, 1956
firmato "MARCA-RELLI" (in basso a destra);
firmato, intitolato e inscritto
"MARCA-RELLI/25" x 45"/M-4-56"
(sul retro)
collage e tecnica mista su tela
61,9 x 112,5 cm
Courtesy Galleria dello Scudo, Verona

17
The Wall No. 2, 1959
firmato, intitolato e inscritto
"MARCA-RELLI/6' x 7"/L-3-59/
THE WALL #2" (sul retro)
collage e tecnica mista su tela
182 x 213 cm
Archivio Conrad Marca-Relli

18
Seated Figure XM-5-60, 1960
firmato "MARCA-RELLI" (in basso a destra);
firmato, intitolato e inscritto
"MARCA-RELLI/33" x 22"/XM-5-60/
SEATED FIGURE" (sul retro)
collage e tecnica mista su tela
83,8 x 55,5 cm
Archivio Conrad Marca-Relli

19
M-14-59, 1959
firmato "MARCA-RELLI" (in basso a destra);
firmato, intitolato e inscritto "MARCA-
RELLI/M-14-59/Untitled/36" x 36""
(sul retro)
collage e tecnica mista su tela
91 x 91,8 cm
Archivio Conrad Marca-Relli

20
XM-40-56, 1956
firmato "MARCA-RELLI" (in basso a destra);
firmato, intitolato e inscritto "MARCA-
RELLI /36 1/2" x 26"/XM-40-56/
"SEATED FIGURE" 56" (sul retro)
collage e tecnica mista su tela

92 x 68 cm
Archivio Conrad Marca-Relli

21
N-M-6-59, 1959
firmato "MARCA-RELLI" (in basso a destra);
firmato, intitolato e datato "MARCA-RELLI/
MARCH 18th/N-M-6-59" (sul retro)
olio e collage su tela
111,4 x 147,4 cm
Collezione Valsecchi

22
S-2-63, 1963
firmato "S-2-63/MARCA-RELLI/13 x 16 ½"
(sul retro)
collage e tecnica mista su tela
32 x 40 cm
Archivio Conrad Marca-Relli

23
"The Terminal" EH-L-9-67, 1967
firmato, intitolato e inscritto "MARCA-
RELLI/6741/EH-L-9-67/1959-60/TITLE
"TERMINAL"/5' 7" x 6' 6" (sul retro)
collage e tecnica mista su tela
198,5 x 168 cm
Archivio Conrad Marca-Relli

24
"Project F" L-14-62, 1962
firmato, intitolato e inscritto "MARCA-
RELLI/Project F/L-14-62/6' x 5'" (sul retro)
collage e tecnica mista su tela
182,5 x 152,5 cm
Archivio Conrad Marca-Relli

25
Untitled, 1967 circa
alluminio dipinto
84,5 x 77,5 x 6,5 cm
Archivio Conrad Marca-Relli

26
L-8-62 Cunard, 1962
firmato, intitolato e inscritto "MARCA-
RELLI/L-8-62/CUNARD/6' 3" x 5' 4""
(sul retro)
collage e tecnica mista su tavola
189,5 x 162,5 cm
Archivio Conrad Marca-Relli

First published in Italy in 2022 by
Skira editore S.p.A.
Palazzo Casati Stampa
via Torino 61
20123 Milano
Italy
www.skira.net

All rights reserved under international
copyright conventions.
No part of this book may be reproduced
or utilized in any form or by any means,
electronic or mechanical, including
photocopying, recording, or any information
storage and retrieval system, without
permission in writing from the publisher.

Printed and bound in Italy.

Nessuna parte di questo libro può essere
riprodotta o trasmessa in qualsiasi forma o con
qualsiasi mezzo elettronico, meccanico o altro
senza l'autorizzazione scritta dei proprietari
dei diritti e dell'editore

Finito di stampare nel mese di giugno 2022
a cura di Skira editore, Milano

© 2022 Mattia De Luca, Roma
© 2022 Skira editore, Milano
© 2022 Archivio Conrad Marca-Relli
per le immagini / for the images
Tutti i diritti riservati

ISBN: 978-88-572-4732-8

Distributed in USA, Canada, Central &
South America by ARTBOOK | D.A.P.
75, Broad Street Suite 630, New York,
NY 10004, USA.
Distributed elsewhere in the world by
Thames and Hudson Ltd., 181A High
Holborn, London WC1V 7QX,
United Kingdom.

Questo catalogo è stato pubblicato in
occasione della mostra
This catalog was published on the
occasion of the exhibition
Conrad Marca-Relli | *Il Maestro Irascibile*

Organizzata da | Organized by
MATTIA DE LUCA

Una mostra curata da
Exhibition curated by
MATTIA DE LUCA

In collaborazione con
In collaboration with
ARCHIVIO CONRAD MARCA-RELLI

Un progetto realizzato con il contributo
prezioso di
Project realized with the precious
contribution of
Schwartzman&

La mostra è stata presentata da
The exhibition was presented at
MATTIA DE LUCA
Piazza di Campitelli 2,
Rome, 00186, Italy
Dal 9 ottobre al 4 dicembre 2021
9 October to 4 December 2021

A cura di | Edited by
MONICA DE SARIO
EMILIE RYAN
MARCO ZINDATO

Testi | Texts
DAVID ANFAM
© Art Ex Ltd 2022
MASSIMO BELLI

Conservazione | Conservation
LUISA MENSI

Fotografie | Photography
SELDON RODMAN
DANIELE MOLAJOLI
GIORGIO BENNI

Progetto grafico | Graphic design
STUDIO NATALE

Redazione | Copy Editor
CARLOTTA SANTUCCIO

Traduzioni | Translations
OONA SMYTH e / and
BARBARA VENTURI
per / for SCRIPTUM, ROMA

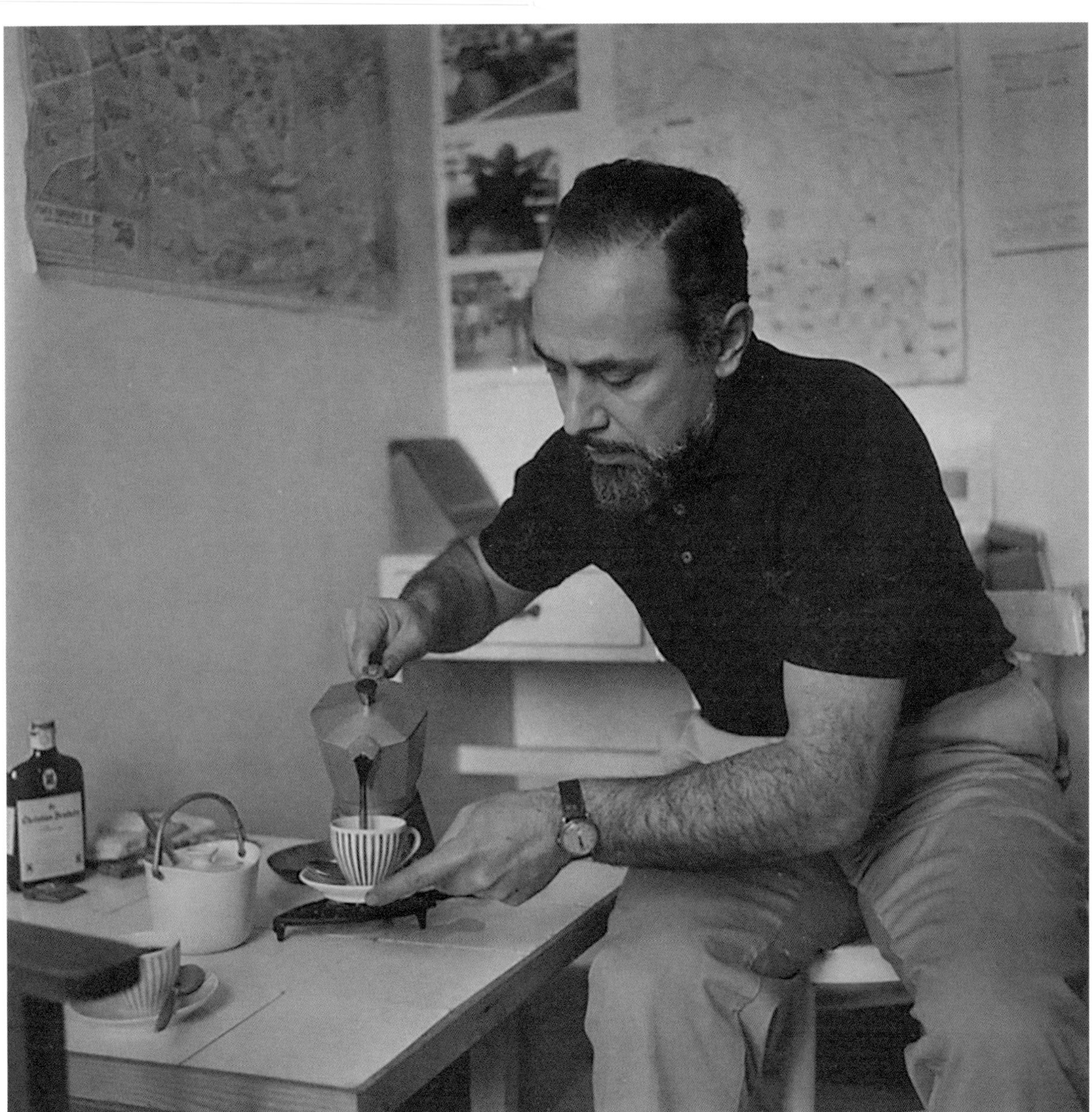

MATTIA DE LUCA